Reinhold Ruthe
Check-up für die Liebe

Reinhold Ruthe

Check-up für die Liebe

52 biblische Impulse
für Ihre Ehe

Brendow
VERLAG + MEDIEN

Bibliografische Information der Deutschen Nationalbibliothek
Die Deutsche Nationalbibliothek verzeichnet diese Publikation in der Deutschen Nationalbibliografie; detaillierte bibliografische Daten sind im Internet über http://dnb.d-nb.de abrufbar.

2. Auflage 2013
ISBN 978-3-86506-318-2

Einbandgestaltung: Brendow Verlag, Moers
Titelfoto: shutterstock
Satz: Satzstudio Winkens, Wegberg
Druck und Bindung: CPI – Clausen & Bosse, Leck
Printed in Germany

www.brendow-verlag.de

Inhalt

Auf ein Wort …

In vielen Ehen kochen Liebe und Zuneigung auf Sparflamme. Die Luft ist raus, der Alltagstrott hat sich eingenistet. Gleichgültigkeit ist eingekehrt. Es sind keine Begeisterung und keine Lust und Leidenschaft mehr zu spüren. Die ehemals glückliche Gemeinschaft hat sich verabschiedet. Es gibt wenig Miteinander, aber ganz viel Nebeneinander.

Ich denke, viele Eheleute können bei den folgenden Aussagen nur zustimmend nicken:

Unsere Partnerschaft braucht eine Erneuerung.

Unsere Partnerschaft braucht eine geistliche Auffrischung.

Unsere Partnerschaft braucht eine spirituelle Wellnesskur.

Was ist im Laufe der Jahre geschehen? Vieles ist Gewohnheit geworden, Achtung und Respekt haben sich verabschiedet. Wo ist die Liebe geblieben?

Liebe ist kein Element, das automatisch in unseren Adern fließt. Liebe kostet Engagement und Kreativität, Fantasie und Arbeit. Liebe verlangt Nachdenken und Gebet.

Wagen Sie ein persönliches Check-up für die Liebe! 52 geistliche Impulse in diesem Buch möchten Denkanstöße vermitteln und Anregungen zum Nachdenken geben.

Machen Sie sich gemeinsam auf den Weg. Treffen Sie sich an einem Tag der Woche und setzen Sie sich mit dem jeweiligen Thema auseinander: Lesen Sie den Bibeltext, stellen Sie sich den Fragen und sprechen Sie gemeinsam das Gebet.

Geben Sie nicht auf, wenn die Ehe nach 14 Tagen noch kein Flitterwochenflair zeigt, wenn gute Vorsätze sich in Luft auflösen, wenn plötzlich alles nach Arbeit riecht.

Glauben Sie daran, dass Ihr gemeinsames Bemühen Erfolg hat, dass Sie die Partnerschaft verbessern können, und glauben Sie vor allem fest daran, dass Gott jeden Ihrer Schritte auf Ihren Partner zu segnet.

Reinhold Ruthe

IMPULS 1

Wir können Probleme in unserer Ehe lösen, wenn wir wollen

»Behandelt die Menschen so, wie ihr selbst von ihnen behandelt werden wollt – das ist alles, was das Gesetz und die Propheten fordern.«
MATTHÄUS 7, 12

Ihre Ehe kann aufgefrischt werden, *wenn* beide Partner das wollen, wenn *beide* Probleme und Missverständnisse nicht verdrängen, nicht verleugnen, nicht unter den Teppich kehren und nicht totschweigen. Sie beide sind eine Einheit, ein perfektes Zusammenspiel. Darum sind Sie immer gemeinsam gefordert.

»Ich kann, wenn ich will.« Der Titel dieses Buches eines Therapeuten ist grafisch geschickt aufgemacht. Da heißt es:

Ich kann, wenn ich will;
ich **kann**, wenn ich will;
ich kann, **wenn** ich will;
ich kann, wenn **ich** will;
ich kann, wenn ich **will**.

Ein Mensch, der nicht will, findet tausend Ausreden, um nicht zu müssen. Er sagt, dass er nicht *kann*. Die Erbanlagen sind schuld, immer wieder auch die Eltern, die Umstände und nicht zuletzt der Partner oder auch Gott. Eheleute, die nicht können, trauen sich nichts zu. Sie schieben Entschuldigungen vor und wollen keine Opfer bringen.

Was Jesus formuliert, kann ich auch auf das Zusammenleben in der Ehe übertragen. Es ist ein Schlüssel zur Verständigung und Freundschaft: Alles, was Sie sich wünschen, alles, was Sie vom Partner erwarten, alles, was Sie sich im Geheimen erträumen ... schenken Sie es ihm, geben Sie es ihm, beglücken Sie ihn damit. *Er* wünscht sich mehr Zärtlichkeit – schenken Sie sie ihm. *Sie* wünscht sich mehr Anerkennung für Haushalt und Kinder – schenken Sie sie ihr.

Wer ernsthaft will und Gott um Beistand bittet, wird konsequent Fehler und Schwachstellen ins Gebet nehmen und an ihnen arbeiten.

Ich möchte Ihnen eine Geschichte erzählen: In einem Raum, in dem alle Wände Spiegel sind, erscheint ein Hund. Der Hund wird wütend und bellt seine Spiegelbilder an. Er fletscht die Zähne und alle Hunde fletschen die Zähne. Der Hund läuft so lange im Kreis herum, bis er schließlich zusammenbricht. Wenn er ein einziges Mal mit dem Schwanz gewedelt hätte, wäre ihm ein positives Bild aus den Spiegeln zurückgekommen ...

Wie ich in den Wald hineinrufe, so schallt es zurück. Wenn ich liebevoll behandelt werden will, muss ich dem anderen mit Liebe begegnen. – Jesus ist ein Meister schwieriger Sachverhalte. Welche Revolution würden wir in der Ehe erleben, wenn wir diesen Gedanken umsetzen.

Fragen an mich und an uns

Sind wir beide bereit, an Punkten, die mir selbst und dem Partner missfallen, zu arbeiten?
Glaube ich ernsthaft, dass der andere hauptsächlich an den Problemen in unserer Partnerschaft schuld ist?
Nehme ich die Wünsche, Fragen und Probleme meines Lebensgefährten ernst?
Können wir drei Probleme benennen, die in unserer Ehe verbesserungsbedürftig sind und die wir in diesem Jahr in Angriff nehmen wollen?

Herr, wir danken dir für unsere Partnerschaft. Wir beide haben vor dir unsere Ehe begonnen und versprochen, sie zusammen vor dir zu beenden. Herr, wir beide wollen vor dir *unsere Ehe führen,* mit dir *unsere Probleme lösen,* aus dir *Kraft und Vertrauen schöpfen und* in dir *uns geborgen und getragen wissen.*
Amen.

IMPULS 2

Mann und Frau praktizieren ein perfektes Hand-in-Hand-Spiel

»Als Einzelne aber stehen wir zueinander wie Teile, die sich gegenseitig ergänzen. Wir haben verschiedene Gaben, so wie Gott sie uns in seiner Gnade zugeteilt hat.«
RÖMER 12, 5.6

Das Hand-in-Hand-Spiel von Frau und Mann hat einen Sinn. Einer *braucht* den anderen, *benutzt* den anderen, *bedient* den anderen und *ergänzt* den anderen. Einer *sucht* den anderen und einer *findet* den anderen.

Unterschiede im Denken können bereichern,
Unterschiede im Charakter können bestärken,
Unterschiede in der Wahrnehmung können befruchten.
Unterschiede im täglichen Einerlei können beflügeln.

Wer Unterschiede – auf welchem Gebiet auch immer – nicht als Bereicherung sieht, neigt dazu, den Partner zu kritisieren, ihm Vorwürfe zu machen, ihn in seinem Gewordensein abzulehnen.

Die meisten Ehepaare spiegeln ein Schlüssel-Schloss-Verhältnis wider. Die Partner passen zusammen. Sie ergänzen sich wie Topf und Deckel. Beide bejahen ihre Unterschiede und empfinden sie als Bereicherung.

Was sind die Ergänzungsmuster? – Der fragende Partner sucht den antwortenden Partner, der Unsichere sucht den Sicheren, der Hilflose sucht den Selbstbewussten, der Abhängige sucht den Unabhängigen, der Ratlose sucht den Ratgeber, der Unordentliche sucht den Ordentlichen ...

Bei mir und meiner Frau sieht das so aus: Mein Lebensstil lautet: »In kleinen Dingen großzügig. Es kommt auf ein Pfund nicht drauf an.« Meine Lockerheit und Großzügigkeit hat mir schon viele Minuspunkte eingebracht. Meine Frau ist der Gegentyp. Ihr Lebensstil lautet: »Sicherheit, Genauigkeit und Zuverlässigkeit kennzeichnen meine Grundeinstellung.«

Wir ergänzen uns darin, sind uns gegenseitig eine Hilfe. Allerdings gibt es immer wieder auch Auseinandersetzungen zwischen uns, weil jeder seine Sicht der Dinge für besser hält.

Treffend schildert Paulus das Zusammenspiel von Frau und Mann, von Eltern und Kindern, von Menschen, die als Christen in der Gemeinde Jesu zusammenleben. Jeder Mensch ist ein Original, und zwar im Denken, Fühlen und Handeln. Einer ergänzt den anderen, einer unterstützt den anderen, jeder ist auf den anderen angewiesen. Wenn wir das für die Ehe bejahen, fragen wir nicht nach unseren Gegensätzen, sondern nach unseren Ergänzungsmustern. Konflikte gibt es dann, wenn jeder seine Muster für die besseren hält, rechthaberisch die Wesensart des anderen ablehnt, durch die Brille seines Vorurteils schaut und die Partnerbeziehung untergräbt.

Fragen an mich und an uns

Welche Einstellungsmuster kennzeichnen unsere Partnerschaft?
Welche Einstellungsmuster meines Partners belasten mich am meisten?
Womit hängt ein möglicher Konflikt in unserer Ehe zusammen?
Was ist mein Anteil, dass Ergänzungen als Gegensatz empfunden werden?

Herr, hab Dank, dass du uns zusammengeführt hast.
Wir erkennen, dass wir Ergänzungen in unserer
Partnerschaft oft als Gegensätze verstehen. Hilf uns,
die positiven Aspekte der Ergänzung zu sehen und
zu leben. Schenk uns die Einsicht, dass wir beide die
Motive unserer Abwehr verstehen und mit deinem
Beistand ändern.
Amen.

IMPULS 3

Wir versetzen uns in den anderen hinein

»Liebe deinen Mitmenschen wie dich selbst!
Ich bin der Herr.«
3. MOSE 19, 18

Einen Menschen zu lieben bedeutet: Ich will dich verstehen, will dich achten, will dir nahe sein. Ich möchte deine Bedürfnisse ernst nehmen, deine Gedanken mitdenken, deine Gefühle nachvollziehen und deine Empfindungen miterleben können. Ein weiser Mensch hat es einmal so formuliert: Mit den *Ohren des anderen* hören, mit den *Augen des anderen* sehen, mit dem *Herzen des anderen* fühlen.

Das ist eine Kunst, die wir alle erlernen können. Wer sich dieser Mühe unterzieht, muss seine eigenen Gedanken, Gefühle, Empfindungen und Überzeugungen zurückstellen. Wenn Sie das nicht können, bekommen Sie Beziehungsschwierigkeiten.

Professor Gottman, ein namhafter amerikanischer Ehetherapeut, hat herausgefunden, dass die meisten Scheidungen daher rühren, dass vor allem Männer kritische Bemerkungen der Partnerin überhören, nicht ernst nehmen oder bagatellisieren. Wir interpretieren mit *unserer* Logik, deuten mit *unserer* Überzeugung und urteilen mit *unserem* Vorurteil. – Wer den anderen liebt, hört mit seinen Ohren, sieht mit seinen Augen und fühlt mit seinem Herzen.

Ein hilfreicher Tipp:
Wenn Sie von Ihrem Partner bzw. von Ihrer Partnerin eine Kritik bekommen, antworten Sie mit zwei Sätzen: »Ich danke dir, dass du mir das gesagt hast.« – »Ich will die Sache hören und ernst nehmen.«

»Liebe deinen Mitmenschen wie dich selbst! Ich bin der Herr« … und Jesus ergänzt: Gott über alles und unseren Nächsten wie uns selbst. In diesen zwei Geboten ist alles enthalten, was für unser Leben wichtig ist. In diesen zwei Sätzen steckt der Sinn unseres Lebens und auch die Bestimmung unserer Ehe.

Wenn mir der Partner so wichtig ist wie die Überzeugungen und Ideale *meines* Lebens, wenn mir der Partner so wichtig ist wie *meine* Bedürfnisse, *meine* Wünsche und *meine* Erwartungen, dann nehme ich *alle* Regungen, *alle* Gefühle, *alle* Schmerzen und Empfindungen des anderen ernst. Ich werte seine Gefühle nicht ab und bagatellisiere seine Empfindungen nicht. Ich lehne seine Überzeugungen nicht ab und begegne dem andern nicht mit überheblicher Kritik. Ich höre ihn an und ich nehme ihn ernst. Die Hälfte aller Ehestreitigkeiten hätte ein Ende.

Fragen an mich und an uns

Gelingt es mir, mich in meinen Partner, in seine Wünsche und Bedürfnisse hineinzuversetzen?

Welche Überzeugungen des anderen machen mir am meisten zu schaffen?

Was sind meine Motive, dass ich den Partner mit seinen Vorstellungen nicht stehen lassen kann?

Was wird in meiner Ehe geschehen, wenn ich bei einer schweren Meinungsverschiedenheit dem Partner zustimme?

Herr, ich habe große Schwierigkeiten, bestimmte
Überzeugungen meines Partners stehen zu lassen.
Die Folge sind Reibungen auf vielen Gebieten.
Herr, schenk mir die Liebe und die Demut,
die Vorstellungen und Überlegungen des anderen
ernst zu nehmen.
Amen.

IMPULS 4

Verurteilen Sie sich nicht selbst!

»So gibt es nun keine Verurteilung mehr für die, welche in Christus Jesus sind.«
RÖMER 8, 1

Wer sich selbst verurteilt, hat Beziehungsstörungen. Wer mit großen Minderwertigkeitsgefühlen herumläuft, belastet die Partnerschaft. Die Gleichwertigkeit ist gestört. Zwei Menschen, die sich lieb haben, achten sich gegenseitig, haben Respekt voreinander. Sie können sich und den anderen akzeptieren. Wer sich *ablehnt,* wer sich *abwertet,* wer sich *nicht leiden kann,* wer an sich *zweifelt*, wer sich *verunsichert,* wer nicht an *sich glaubt,* wie will er an den anderen glauben?

Je kleiner Sie sich machen, je kleiner Sie sich fühlen, je kleiner Sie dem Partner begegnen, desto mehr entsteht ein Ungleichgewicht. Sie trauen sich nichts zu. Sie spielen dem Partner alle Macht in die Hände. Sie erwarten von ihm oder von ihr alle Entscheidungen. Der andere wird überfordert. Es gibt kein fruchtbares Miteinander. Das gemeinsame Planen, das gemeinsame Nachdenken und das gemeinsame Handeln fehlen.

Der Begründer der Gestalttherapie, Frederick Perls, macht deutlich, was die kranke Persönlichkeit von der gesunden unterscheidet: »Der Verrückte (der Geisteskranke) sagt: ›Ich bin Abraham Lincoln‹, der Neurotiker (der seelisch Gestörte) sagt: ›Ich wollte, ich wäre Abraham Lincoln‹, der Gesunde sagt: ›Ich bin ich und du bist du.‹«

Der amerikanische Christ und Psychologe Lawrence J. Crabb geht davon aus, dass der Mensch zwei Bedürfnisse erfüllt sehen muss: das Bedürfnis, Bedeutung zu haben, und das Bedürfnis nach Sicherheit. Bedeutung beinhaltet: Selbstwert haben und von Gott angenommen sein.

Viele Christen leiden an sich selbst, verurteilen sich gnadenlos. Sie glauben nicht, dass Gott sie wirklich liebt. Je größer ihre Minderwertigkeitsprobleme, desto mehr versuchen sie sich zu profilieren. Sie vergleichen sich mit anderen, die größer, schneller, aktiver, ehrgeiziger, klüger und schöner sind. Sie machen sich unglücklich und belasten ihre Ehe.

Christen, die von Christus geliebt sind, müssen sich nicht mehr verurteilen, klein machen und diskriminieren. Sie *sind* wertvoll, weil Christus sie wert achtet. Sie *sind* liebenswert, weil Christus sie liebt. Das hat nichts mit Selbstruhm und Eitelkeit zu tun. Der Glaube an Christus und die Selbstannahme sind aufeinander bezogen.

Niemand muss in Sack und Asche herumlaufen. Wir gehören zur Gottesfamilie. Gott hat uns in Christus adoptiert. Diese Gewissheit gibt Selbstwert und Selbstvertrauen. Diese Gewissheit vermittelt Zufriedenheit. Und Zufriedenheit ist in der Partnerschaft ein Gottesgeschenk.

Fragen an mich und an uns

Wer von uns beiden leidet in unserer Ehe unter Selbstwertstörungen?
Wer mag sich nicht leiden?
Warum kann ich mich nicht annehmen, wie ich bin?
Was kann ich tun, um Gott zu vertrauen, der mich liebt?

Herr, Pessimismus und Minderwertigkeitsgefühle suchen meine Beziehung heim. Ich habe ein mieses Selbstvertrauen. Ich drücke mich vor Entscheidungen. Ich mag mich nicht leiden. Ich sehe mich kleiner, als du mich siehst. Ich mache mich inaktiver, als mein Partner es erwartet. Herr, schenk du mir die Einsicht, was ich konkret ändern kann. Schenk mir die Kraft, dir mehr zu vertrauen.

IMPULS 5

Vermeiden Sie Machtkämpfe!

»Verfolgt alle dasselbe Ziel. Handelt nicht aus Selbstsucht oder Eitelkeit. Keiner soll sich über den anderen erheben, sondern ihn mehr achten als sich selbst.«
PHILIPPER 2, 2–3

Macht und Machtstreben spielen auch in Partnerschaften eine große Rolle. In uns allen steckt ein Drang zur Selbstverwirklichung, zur Selbsterhaltung und zur Daseinsgestaltung. Es ist ein schöpferischer Lebensdrang. Wer leben will, muss Macht besitzen und diese Macht auch wollen. Aber, diese Macht ist Werkzeug, niemals Selbstzweck.

Streben nach unbeschränkter Macht ist lebensfeindlich. Dient das Machtstreben nicht mehr der Gemeinschaft, der Ehe, wird es zu einem Gefühl der Überlegenheit. Der Mensch will größer, stärker und tüchtiger als der andere sein. Der Machtkomplex ist ein Überausgleich von Unsicherheit und Minderwertigkeit. Die Folgen sind: Herrschsucht, übergroßer Ehrgeiz und aggressive Überlegenheit. Dieses destruktive Machtstreben ist ehefeindlich. Der andere wird missbraucht und ausgebeutet.

Machtkampf setzt immer zwei Parteien voraus. Niemand kann ohne einen Gegner kämpfen.

Der andere muss *mitspielen, sich herausfordern lassen, dagegenhalten.*

Wer kämpft, will siegen. Wer kämpft, will nicht unterliegen. Wer kämpft, will dem anderen sein Unrecht vorhalten. Der Kampf ist ungeistlich, lieblos und zerstört die Ehe. Mit Kampf werden keine Probleme gelöst. Kampf hält den Krieg in Gang.

Wie lauten versteckte oder auch offene Motive? Will einer *siegen?* Will einer *demütigen?* Will einer *überlegen sein?* Will einer immer *recht behalten?* Will einer *sich rächen? ...*

Machtkämpfe können nur verringert werden, wenn jeder zu Kompromissen bereit ist, nach seinem Anteil fragt, auf Anklagen und Vorwürfe verzichtet und sich die Frage stellt: »Was willst du, Herr, das ich tun soll?«

Herrschsucht ist Selbstsucht. Machtkampf ist Egoismus und Eitelkeit. Es fehlt die Gleichwertigkeit, es fehlt die Achtung vor dem anderen. Einer will sich über den anderen stellen. Das ist Lieblosigkeit und darf in der Partnerschaft keinen Platz haben.

In einer Zeitungsanzeige heißt es: »Hallo, mein Herzbube! Unser schönstes Wort *DU*, unsere Philosophie *WIR*, unser Miteinander *ZÄRTLICHKEIT*, unsere Kraftquelle der *GLAUBE.*«

Wer das Du größer schreibt als das Ich, das Wir mehr pflegt als den Egoismus, Zärtlichkeit größer schreibt als Machtstreben und den Glauben an Christus mehr lebt als Rechthaben, der praktiziert eine glückliche Ehe. Macht in der Ehe setzt unter Druck, löst Angst aus, unterdrückt und erhebt sich über den anderen.

Die Bibel gebietet: Wir sollen den Partner mehr lieben als uns selbst.

Fragen an mich und an uns

Kann ich akzeptieren, dass wir beide den Kampf aufrechterhalten?
Mache ich den anderen allein für Konflikte verantwortlich?
Bin ich bereit, mir die versteckten Motive meines Kampfes bewusst zu machen?
Was hindert mich in meiner Persönlichkeit, hilfreiche Kompromisse zu finden?
Will ich den Partner durch bessere Argumente überreden?

Herr, wir ertappen uns immer wieder dabei,
dass wir dem anderen unsere Meinung überstülpen,
dass wir ihn korrigieren, manipulieren, zwingen
und überfordern, ihn gängeln und unter Druck setzen.
Herr, schenk uns die Einsicht in unser Fehlverhalten
und hilf uns, die Motive bloßzulegen. Gib uns die
Kraft, ein destruktives Muster zu ändern.
Amen.

IMPULS 6

Ziehen Sie sich nicht schweigend zurück

»Herr, erst wollte ich meine Schuld verschweigen; doch davon wurde ich so krank, dass ich von früh bis spät nur stöhnen konnte.«
PSALM 32, 3

»Die Ehe ist ein fortwährendes Gespräch«, schrieb der Philosoph Friedrich Nietzsche. Das sind goldene Worte. Eine schweigsame Ehe ist wie ein Gewässer, in dem lautlos die Krokodile leben. Einer der Hauptvorwürfe von Frauen in der Eheberatung ist der Satz: »Mein Mann ist der große Schweiger. Von einigen Gemeindemitgliedern weiß ich mehr als von meinem Mann, mit dem ich 20 Jahre zusammenlebe.« Schweigen ist ein Verhaltensmuster, das Kinder und Heranwachsende vor Jahren trainiert haben. Schweigen ist Selbstschutz und kann zur Waffe werden. Ein Mann sagte mir: »Ich schweige lieber, dann kann nichts gegen mich verwandt werden.«

Wer schweigt, will sich keine Blöße geben. Er will sich auch nicht verletzbar machen. Mit Schweigen ist oft Rückzug verbunden. Ein Partner flieht in die Arbeit, in die Geschäftigkeit, in Krankheit oder in die Gemeindearbeit und ist fünfmal in der Woche unterwegs. Schweigen ist ein liebloser Beziehungskiller. Er kann den Partner wütend und aggressiv machen. Die Hilflosigkeit des Gegenübers wandelt sich in Aggression oder Depression und ruft unter Umständen schwere psychosomatische Beschwerden hervor.

Wenn einer schweigt oder beide schweigen, werden Mauern hochgezogen. Der Schweiger sagt vom Partner: »*Du* frisst mich mit Haut und Haaren! *Du* vereinnahmst mich total! *Du* lässt mir keine Luft zum Atmen!« Wer schweigt, will den anderen bestrafen. Der Schweiger braucht das Gespräch und den Austausch weniger, der Nähebedürftige, der Austauschbedürftige leidet, weil er alles in sich hineinfressen muss. Er will sich mitteilen und kann es nicht. Er empfindet das Schweigen als eine schwere Kränkung und als einen Racheakt.

Ein hilfreicher Tipp, besonders für Männer:
Versetzen Sie sich ganz in den anderen hinein. Er lebt vom Gespräch. Er braucht das Gespräch.

Der Beter von Psalm 32 hat es am eigenen Leibe erfahren. Das Schweigen hat psychosomatische Störungen zur Folge. Schweigen belastet auch im Glauben. Schweigen vor Gott ist Selbstsabotage. Schweigen vor dem Partner schädigt in der Regel beide. Gott hat dem Mann eine »Gehilfin« gegeben, ein »Gegenüber«, das zu ihm passt. Beide wollen und sollen das Alleinsein und die Einsamkeit überbrücken.

Schweigen kann Narzissmus bedeuten. Jemand dreht sich um sich selbst. Jemand ist nur mit sich beschäftigt. Er zeigt einen Mangel an Empathie, an Einfühlung. Er vermittelt ein zwischenmenschliches Unbehagen. Oft haben diese Menschen ein Gefühl der Wertlosigkeit. Sie schweigen aus Selbstunsicherheit. Schweigen ist tonloses *Leiden.* Schweigen beinhaltet *Distanz.* Schweigen bedeutet: »*Lass mich in Ruhe!*« Schweigen zeigt an: »*Du störst meine Kreise.*« Schweigen verrät: *Ich räche mich.* Schweigen offenbart: *Ich ziehe mich zurück.* Wer aus Trotz schweigt, versündigt sich am Partner.

Fragen an mich und an uns

Erlebt ein Partner in unserer Ehe das Schweigen als Unbehagen und als Lieblosigkeit?
Was drücke ich mit Schweigen in unserer Beziehung aus?
Welche Motive kennzeichnen mein schweigendes Verhalten?
Bin ich bereit, über mein Schweigen nachzudenken und konstruktive Wege des Miteinanders auszuloten?
Was kann mein Partner tun, um mir entgegenzukommen?

Herr, ich spüre, dass ich meinen Partner mit Schweigen immer wieder belaste und die Ehe gefährde. Mach mir im Nachdenken über dein Wort meine Motive des Schweigens klar. Hilf mir, die lieblosen und ungeistlichen Motive zu durchschauen, und gib mir den Mut, die fragwürdigen Muster in Arbeit zu nehmen.
Gib mir als Partner die Kraft, das Nörgeln und Kritisieren zu lassen und dem anderen zu helfen, das Schweigen zu ändern. Zeig mir Gesten der Liebe, die es dem anderen leicht machen, Gespräche zu suchen und Zwiegespräche aufzunehmen.
Amen.

IMPULS 7

Führen Sie Zwiegespräche!

»Redet mit jedem Menschen freundlich;
alles, was ihr sagt, soll gut und hilfreich sein.
Bemüht euch darum, für jeden das rechte
Wort zu finden.«
KOLOSSER 4, 6

Viele Menschen leiden stumm an ihrer Ehe und an ihrem Leben ohne Liebe. Sie können nicht darüber sprechen. Sie haben resigniert. Allerdings ist diese eheliche Misere hausgemacht.

Ein verheiratetes Paar bringt es täglich etwa auf vier Minuten und zwanzig Sekunden im gemeinsamen Gespräch. Der Rest ist Schweigen. So behaupten es Untersuchungen.

Die Sprachlosigkeit der Paare gilt in Therapie und Seelsorge als die größte Bedrohung. Sie gilt als Ursache für das weltweite Beziehungssterben. Wenn wir uns aufeinander beziehen, halten wir unsere Beziehung lebendig. Nur das Sich-einander-Mitteilen hält eine Beziehung am Leben. Denn sich lieben heißt vor allem: sich verstehen, sich ernst nehmen, sich einander mitteilen.

Was sind Zwiegespräche? – Ich gebe mich zu erkennen, ich gebe mich offen, ich gebe den Blick in mein Innerstes preis.

Zwiegespräche bewirken ein freundschaftliches Klima in der Paarbeziehung.
Zwiegespräche beinhalten keine Partnerschaftsdebatten und endloses Diskutieren.
Zwiegespräche zeigen dem Partner,
was *mich* reizt, dem Partner mitzuteilen,
was *mich* gerade in Gedanken beschäftigt, was *mich* heute herausgefordert hat,
was *mich* ausmacht, was *mich* als Persönlichkeit kennzeichnet,
was *mich* grübeln und zweifeln lässt, was *mich* aufbaut und mir Vertrauen schenkt,
was *mich* angeht, wenn ich Gottes Wort lese.

Lebendige Partnerschaft heißt: Zwei Menschen tauschen ihr Selbstportrait aus.

Der Psychoanalytiker Michael Lukas Moeller betont: »Zwiegespräche sind ein seelisches Aphrodisiakum. Zwiegespräche entstören und beleben die Beziehung. Aus dem Gespräch kommt Heilung.«

Beziehen wir einmal das Bibelwort auf die Ehe. Dann fordert uns die Bibel auf, mit dem Partner freundlich zu reden. Wer den anderen von Herzen liebt, wird ihn ansprechen. Er wird sich mitteilen, seine Gefühle und Gedanken preisgeben und sich ihm offenbaren.

Weltweit machen Untersuchungen deutlich, dass Menschen, die sich austauschen und aussprechen können, gesünder und glücklicher leben. Aber nur wer zu sich, zu den Menschen und zu Gott Vertrauen hat, wird sich öffnen. Wer sich verschließt, wer schweigt und sich zurückzieht, hat Angst, verletzt zu werden, sich zu entblößen, hat nicht gelernt, sich mitzuteilen, über seine Gefühle, seine Wünsche und Träume zu reden.

Wenn wir uns bemühen, »das rechte Wort zu finden«, um dem anderen unsere Liebe zu zeigen, dann hören wir zu, worauf der Partner Wert legt, was ihn interessiert und was er sich von uns wünscht.

Diese Zwiegespräche heilen. Sie sind hilfreich und stärken das Band der Liebe.

Fragen an mich und an uns

Was hindert mich, meine Gefühle, Träume, Gedanken und Fantasien mit dem anderen zu besprechen?
Glaube ich auch, es seien Bagatellen und uninteressante Begebenheiten?
Warum sprechen ich über »irgendetwas« statt über mich?
Habe ich den Mut, über Lebensthemen – Lebenssinn, Tod, Zufriedenheit und Glück – zu sprechen?
Was tue ich als Ehepartner, dass mein Gegenüber sich verschließt?

Herr, mir fällt es unendlich schwer, meine Gefühle und Vorstellungen dem Partner mitzuteilen. Ich schäme mich, ich habe es nicht gelernt, ich traue mich nicht, mein Innerstes preiszugeben, ich wage es nicht, fragwürdige Gedanken zu offenbaren. Du kannst mich ermutigen, ehrlicher, offener und freier zu werden. Du kannst auch dem anderen die Kraft schenken, sich einladender auf Gespräche einzulassen.
Amen.

IMPULS 8

Schieben Sie nicht die Schuld dem anderen in die Schuhe!

»›Hast du etwa von den verbotenen Früchten gegessen?‹ ›Ja‹, gestand Adam, ›aber die Frau, die du mir gegeben hast, reichte mir die Frucht – deswegen habe ich davon gegessen!‹«
1. MOSE 3, 11–12

Die Praxis, dem anderen die Schuld in die Schuhe zu schieben, ist ein beliebter Beziehungskiller. Schon im Paradies begann dieses destruktive Zusammenspiel. »*Du* hast angefangen!« – »*Du* willst immer recht behalten!« – »*Du* willst dich durchsetzen!« – »*Du* kannst nicht vergeben!« Wir waschen uns rein. Wir sehen unseren Anteil nicht. Wir sind in Ordnung, aber der andere ist nicht in Ordnung.

Fast täglich werden wir mit Meldungen konfrontiert, die folgendermaßen lauten:

»Der Straßenverkehr forderte über Ostern in der Bundesrepublik 45 Todesopfer … Die Unruhen in Nordirland forderten erneut Todesopfer.« Es sind beliebte Formulierungen, um die persönliche Schuld des Menschen zu tarnen.

Vorwürfe sind auch versteckte Selbstvorwürfe. Ich werfe mir *Versäumnisse, Lieblosigkeit* und *Gedankenlosigkeit* vor. Um diese Schuldgefühle abzuwehren, drehe ich den Spieß um: Das ist ja alles nur, weil der andere mich provoziert und geärgert hat, weil er mich nicht richtig liebt.

Schuld auf andere schieben hat auch etwas mit Entschuldigungen zu tun. *Ich* rede mich heraus, praktiziere die Selbstrechtfertigung, suche und finde ein Alibi. Die Folge: Der Partner ist wütend, der Friede ist ausquartiert, Liebe und Harmonie bleiben auf der Strecke. Der Schuldverschieber trägt keine Verantwortung.

Warum drücken wir uns? Warum halten wir unseren Kopf nicht hin? Warum sehen wir unsern Anteil nicht?

Wir reden uns heraus. Adam und Eva haben es uns vorgemacht. Diese Ursünde liegt den Menschen im Blut. Wir schieben die Schuld auf den anderen. Wir halten den Kopf nicht hin. Das Ungeheuerliche ist: Adam und Eva glauben, was sie sagen. Beide schauen treuherzig ihren himmlischen Vater an und verschieben die Schuld. Wir sprechen von Rationalisierungen, von Selbsttäuschungen und von Lügen, an die wir glauben. Manchmal glaube ich nicht mehr, dass die bewussten Lügen die schlimmsten sind, sondern die, die wir für wahr halten, mit denen wir uns herausreden, mit denen wir uns freikaufen wollen.

Ein Beispiel: Die Kinder haben im Kinderzimmer Streit. Sie gehen als Eltern hinein und fragen: »Wer hat angefangen?« Das ist eine der ungeschicktesten Fragen, die ich kenne. Sie werden unter Garantie belogen. Jedes Kind redet sich heraus. Jedes Kind findet auf Kommando eine Antwort, warum der andere schuld ist.

Eine afrikanische Christin wurde gefragt: »Warum liest du eigentlich immer die Bibel?« Und sie antwortete: »Ich lese nicht nur die Bibel, ich lese auch andere Bücher. Aber nur dieses eine Buch, die Bibel, liest mich.«

So ist es. Die Bibel deckt geheime Gedanken und Vorstellungen, versteckte Absichten und die Gründe für Schuldverschiebungen auf. Sie durchleuchtet die Abgründe unserer Seele.

Fragen an mich und an uns

Ertappe ich mich auch dabei, dass ich dem Partner die Schuld in die Schuhe schiebe?
Wozu tue ich das? Was sind meine versteckten Beweggründe?
Welche Reaktionen zeigt mein Partner, wenn ich ihm mit Schuldvorwürfen begegne?
Will ich mich durchsetzen? Will ich herrschen? Will ich der Moralischere sein?

Herr, ich ertappe mich immer wieder dabei, dass ich
meinen Anteil bei Problemen nicht sehen will. Ich bin
hellwach, die Fehler des anderen wahrzunehmen.
Aus Feigheit und Verantwortungslosigkeit schiebe ich –
ohne langes Nachdenken – die Schuld auf den anderen.
Mein Partner ist unglücklich, weil er immer wieder
das Gefühl hat, an allem schuld zu sein. Herr, gib mir
den Mut und die Kraft, meinen Anteil einzusehen
und meine Lieblosigkeit einzudämmen.
Amen.

IMPULS 9

Wir leben von Anerkennung

»Darum sollen auch die Männer ihre Frauen lieben wie ihren eigenen Körper. Wer nun seine Frau liebt, der liebt sich selbst. Niemand hasst doch seinen eigenen Körper.«
EPHESER 5, 28 –29

Jeder Mensch braucht Anerkennung. Ohne Anerkennung können wir nicht leben. Der Begriff umfasst viele Akzente und meint: Ich brauche *Anerkennung, Liebe* und *Bestätigung*. Ich brauche *Beachtung, Wohlwollen* und *Komplimente*. Es ist ein Hunger nach »Streicheleinheiten«, wie ein amerikanischer Therapeut das genannt hat.

Wie können solche Streicheleinheiten konkret aussehen? Da ist eine liebevolle Begrüßung des Partners am Morgen, der Kuss beim Abschied und bei der Ankunft. Sie bekommen einen Blumenstrauß geschenkt. Sie danken für die zubereitete Mahlzeit. Sie tauschen einen dankbaren Blick für die Übereinstimmung. Sie finden Worte der Anerkennung für das schöne Kleid und für die Erledigung einer Arbeit. Sie machen echte und spontane

Komplimente, hören intensiv zu ... Bestätigung ist ein menschliches Grundbedürfnis. Bewunderung, Anerkennung und Bestätigung sind ein sicherer Weg zum Herzen des Menschen.

Verstärken Sie das Positive und übersehen Sie das Negative. Glauben Sie an den anderen und stellen Sie ihn nicht infrage. Interessieren Sie sich für die Arbeit des Partners.

Liebe äußert sich in Zuwendung, in Aufmerksamkeit, im Wahrnehmen von Bedürfnissen des anderen und darin, ihm Freude zu bereiten.

Paulus gibt den Eheleuten einen ausgezeichneten Hinweis für den gemeinsamen Umgang. Jeder weiß, wie viel Aufmerksamkeit wir für unseren eigenen Körper aufwenden. Wir befriedigen seine Ansprüche und Bedürfnisse, wir geben ihm das, was er braucht. Genau so sollen Männer mit ihren Frauen verfahren. Wer seine Frau so liebt, der liebt sich selbst, tut sich etwas Gutes und beglückt den anderen und sich selbst. Für Frauen gilt dieser Satz selbstverständlich in gleicher Weise.

Nächstenliebe ist auch Selbstliebe. Wenn ich meine Frau beglücke, habe ich was davon. Wenn sie zufrieden ist, fördert das meine Zufriedenheit. Wenn sie glücklich ist, nehme ich an ihrem Glück teil, denn geteiltes Glück ist doppeltes Glück. Im Grunde ist es unverschämt einfach, wie leicht wir miteinander glücklich und harmonisch zusammenleben können. Oder sind wir solche unverbesserlichen Egoisten, die an diesen kleinen Gesten scheitern?

Jemand könnte mir sagen: »Du willst doch nur in Ruhe und Frieden leben, darum tust du so viel für deine Frau!« Ich antworte ihm: »Und wenn es so wäre. Hauptsache glücklich!«

Fragen an mich und an uns

Habe ich das Gefühl, insgesamt zu wenig Anerkennung und Bestätigung von meinem Partner zu bekommen? Oder hole ich sie mir woanders?

Wenn ich Anerkennung vermisse, *wie* gebe ich das meinem Partner zu verstehen?

Sehe ich bei meinem Partner mehr Plus- als Minuspunkte?

Bin ich ein Perfektionist, der hohe Ansprüche hat und nur das Negative wahrnimmt?

Bin ich ein guter Zuhörer, wenn mein Partner von seinen familiären oder beruflichen Schwierigkeiten berichtet?

Bin ich bereit zu teilen und mitzuteilen oder wehre ich alle Anforderung ab?

Was kann und will ich konkret verbessern?

Herr, ich habe gelernt, dass deine Bejahung, deine Liebe und Anerkennung für mich die höchste Bedeutung hat. Ich fühle mich geliebt und anerkannt von dir. Und doch hungere ich nach Bestätigung und Anerkennung von meinem Partner und anderen Menschen. Auch beim Partner entdecke ich dieses Bedürfnis. Vergib uns, wenn dieses Verlangen zuweilen unsere Beziehung trübt. Gib uns die Einsicht und die Kraft, den anderen so intensiv zu lieben, wie wir uns selbst lieben. Schenk uns den Mut, dem anderen so viel Gutes zu tun, wie wir uns selbst Angenehmes tun und wünschen. Amen.

IMPULS 10

Wir wollen faires Streiten einüben

»Urteilt nicht über andere, damit Gott euch nicht verurteilt … Warum siehst du jeden kleinen Splitter im Auge deines Bruders, aber den Balken in deinem eigenen Auge bemerkst du nicht? … Du Heuchler! Entferne zuerst den Balken aus deinem Auge, dann kannst du klar sehen, um auch den Splitter aus dem Auge deines Bruders zu ziehen.«
MATTHÄUS 7, 1–5

Wo Menschen zusammenleben – auch in der Ehe –, ist Streit unvermeidlich. Streit kommt in den besten Familien vor. Wir erleben in der Partnerschaft, dass es Meinungsverschiedenheiten gibt, sich unterschiedliche Standpunkte ergeben, Grundsatzdebatten stattfinden und Missverständnisse auftauchen. Mann und Frau sind verschieden. Das Geschwätz der letzten Jahrzehnte, dass Männer und Frauen völlig gleich sind und nur gleich erzogen werden müssen, hat sich als haltlos herausgestellt. Streit kann benutzt werden, um den anderen zu *demütigen*, zu *entwerten* und zu *bestrafen.*

Was kann Streit auslösen?

Wer *überspielt*, löst keine Probleme, sondern verstärkt sie.
Wer *verdrängt,* will seine Ruhe, will keinen Ärger.
Wer *unerfüllte Erwartungen* pflegt, fördert den Streit.
Wer *fanatisch die Wahrheit* verteidigt, kämpft um Macht.

Und wie kann faires Streiten aussehen? Faires Streiten ist eine Kunst. Und Kunst kommt von Können.

Welche Schritte erlauben den konstruktiven Streit?

Schritt 1: Die Partner nehmen den Konflikt an. Konflikte dürfen nicht unter den Teppich gekehrt werden.

Schritt 2: Schieben Sie den Streit nicht vor sich her. Der Konfliktvermeider erreicht keinen wahren Frieden.

Schritt 3: Bejahen Sie, dass zum Streiten zwei gehören. Der eine will recht behalten, der andere will nicht nachgeben.

Schritt 4: Die Partner stellen sich infrage. Wer sich infrage stellt, stellt auch seine Vorurteile infrage.

Schritt 5: Lassen Sie gegensätzliche Standpunkte stehen. Es gibt unversöhnliche Standpunkte. Wer kontroverse Stellungnahmen bejaht, respektiert den anderen.

Die Bibel leugnet nicht, dass es Streit und Auseinandersetzungen gibt. Aber die Arbeit an der Lösung beginnt bei mir und nicht beim anderen. Mit Richten, Streiten und Vorwürfen sind wir schnell bei der Hand. Für die eigenen Schwächen sind wir blind.

In der griechischen Sage ritt Herakles durch eine Bergenge. Auf dem Weg lag etwas, das sah aus wie ein Apfel. Herakles versuchte, es zu zertreten. Je mehr er trat, desto größer wurde das gefährliche Ding. Herakles nahm eine Keule und das apfelgroße Gebilde wurde zur gespenstischen Größe. Plötzlich erschien ihm Athene und sprach: »Herakles, lass ab! Was du siehst, ist Zanksucht und Streit. Wenn man es liegen lässt, bleibt es klein. Wenn man es reizt und mit ihm kämpft, schwillt es immer mehr an!«

Viel Streit entsteht, weil wir im Auge des Bruders einen Splitter sehen. Beim anderen sehen wir die Fehler, die Schwächen und Unvollkommenheiten. Wir dreschen drauflos. Den eigenen Balken sehen wir nicht. Wenn wir zuerst den Balken im eigenen Auge entfernen, unseren Anteil erkennen und unsere Fehler wahrnehmen, wird der Splitter im Auge des anderen klein und unscheinbar. Je mehr wir unsere Sünde ernst nehmen, desto barmherziger gehen wir mit dem anderen um. Der Streit löst sich auf.

Fragen an mich und an uns

Was sind die wahren Ursachen des Streites, den ich oder wir provozieren?

Will ich recht behalten, Macht ausüben, den anderen kleinmachen? Kann ich nicht nachgeben?

Welchen Balken in meinem Auge sehe ich nicht?

Warum kann ich Probleme, die sich nicht lösen lassen, nicht einfach stehen lassen?

Welche Lösung befriedigt mich und meinen Partner?

Bin ich ein Prinzipienreiter?

Herr, wir geraten immer wieder heftig aneinander. Hilf uns, die wahren Motive und Interaktionsmuster auf beiden Seiten zu erkennen. Wir wollen nicht beim anderen suchen, sondern bei uns selbst. Wir wollen nicht den anderen beschuldigen, sondern unseren Anteil erkennen. Hilf uns, nicht recht behalten zu wollen, sondern Lösungen zu suchen, die beide befriedigen.
Amen.

IMPULS *11*

Wenn wir uns annehmen, wie wir sind, können wir auch den anderen annehmen, wie er ist

»Denn Gott hat die Menschen so sehr geliebt, dass er seinen einzigen Sohn für sie hergab. Jeder, der an ihn glaubt, wird nicht zugrunde gehen, sondern das ewige Leben haben.«
JOHANNES 3, 16

Selbstannahme und Annahme des anderen gehören unauflöslich zusammen. Was geschieht, wenn jemand sich nicht selbst akzeptieren kann?

Er ist *unzufrieden mit sich* selbst, innerlich und äußerlich.
Er *fühlt sich* nicht geliebt.
Er *glaubt,* nicht genügend Anerkennung und Bestätigung zu bekommen.
Er kämpft wahrscheinlich mit *Minderwertigkeitsgefühlen.*
Er fühlt sich *nicht ernst genommen.*
Er kann sich dem Partner nur schwer *anvertrauen.*
Er hat *Angst zu versagen.*

Er glaubt, er muss mehr leisten, muss mehr arbeiten, muss mehr Erfolg haben und muss mehr für den Partner tun. Er überfordert sich und ist chronisch unzufrieden.

Wer sich akzeptiert, macht sich anziehender für den anderen. Er wirkt lockerer, gibt sich gelassener und ist gleichwertiger. Der Mensch, der sich akzeptiert, muss sich *nicht* herausstellen und muss *nicht* mehr sein, als er ist. Er muss sich *nicht* überfordern und überschlagen und sich *nicht* ständig mit anderen vergleichen.

Wer sich akzeptiert, stimmt mit sich überein, entwickelt einen positiven Selbstwert und zeigt ein gesundes Selbstvertrauen. Er hat ein starkes Selbstbewusstsein und präsentiert eine gute Selbsteinschätzung. Partner, die sich bejahen und selbst annehmen, vertrauen ihren Gaben und Fähigkeiten und pflegen in der Regel eine konstruktive Beziehung.

Ein Tipp:
Wer unter starken Selbstannahmeproblemen leidet, sollte sich einen erfahrenen Seelsorger oder Fachberater suchen, der ihm hilft, seine Selbstannahme zu verbessern.

»Denn Gott hat die Menschen so sehr geliebt, dass er seinen einzigen Sohn für sie hergab. Jeder, der an ihn glaubt, wird nicht zugrunde gehen, sondern das ewige Leben haben« – darum feiern wir jedes Jahr Weihnachten. Gott ist nicht in der Etappe des Himmels geblieben, um sich vom Erdenleid und dem Verlorensein der Menschen »nach oben« berichten zu lassen und uns aus sicherer Distanz einige trostreiche Worte zuzurufen. Nein, er hat die Etappe verlassen und ist zu uns in den vordersten Graben gekommen, »um zu suchen und selig zu machen, was verloren ist«. Das ist eine unglaubliche Bestätigung seiner Liebe.

Er liebt uns, wie wir sind. Er sagt Ja zu uns, mit allen Ecken und Kanten. Ein Theologe hat mal formuliert: »Es ist eine Unverschämtheit sondergleichen, diesem Gott, der sich so unseretwegen erniedrigt hat, ins Gesicht zu sagen, es mag ja sein, dass du mich liebst, aber ich kann mich nicht lieben und annehmen.« Matthias Claudius hat ein Lied verfasst, in dem er in der ersten Strophe die glücklich machende Selbstannahme beschreibt: »Ich danke Gott und freue mich wie's Kind zur Weihnachtsgabe, dass ich bin, bin! und dass ich dich, schön menschlich Antlitz, habe.« Er fühlt sich geliebt und bestätigt. Er fühlt sich angenommen, wie er ist. Christen mit Annahmeschwierigkeiten sollten zehn Mal am Tag zu sich sagen: »Ich danke dir, Herr, du hast mich lieb, du hast mich angenommen. Es gehört schon eine Portion Überheblichkeit dazu, dass ich es wage, dir zu widersprechen und mich abzulehnen.«

Fragen an mich und an uns

Welche Motive sind es, die mich beeinflussen, mich selbst abzulehnen?

Benutze ich Ausflüchte, um mich vor Verantwortung zu drücken?

Bringt mir die mangelnde Selbstannahme Konflikte mit meinem Partner ein?

Was sind die Folgen (in meinem Leben und in meiner Partnerschaft), wenn ich mich selbst nicht annehmen kann?

Sind meine Ansprüche an mich, an das Leben und die Partnerschaft zu hoch?

Herr, ich mag mich nicht leiden, obschon der Partner Ja zu mir sagt. Ich kann dir viele Gründe nennen. Ich bin mit mir unzufrieden. Du sagst mir, dass du mich lieb hast. Ich will es glauben und kann es nicht. Hilf mir, deine Zusagen mehr und mehr ernst zu nehmen. Hilf mir, meine Selbstwertstörungen abzulegen. Hilf mir, meine hohen Ansprüche an mich und andere herunterzuschrauben. Hilf mir, zu einem ausgeglichenen Selbstwertgefühl zu gelangen.
Amen.

IMPULS 12

Wir machen uns kein festes Bild von unserem Partner

»Fertige dir keine Götzenstatue an, auch kein Abbild von irgendetwas am Himmel, auf der Erde oder im Meer.«
2. MOSE 20, 4

Wer sich ein starres Bild vom Partner macht, versucht, seine Wünsche und Vorstellungen durchzusetzen und die Freiheit und Originalität des Partners zu beschneiden. Er versucht, seine Hoffnungen und Erwartungen auszuleben und den Partner umzumodeln.

Viele Geheimnisse können nicht gelüftet werden. Der andere ist und bleibt eine selbstständige Persönlichkeit, die ich nicht über ein festes Bild beherrschen kann. Wer das tut, vergewaltigt seinen Partner und behindert seine Selbstentfaltung. Wenn dann der Ehepartner diesem Bild nicht entspricht, leidet sofort die Beziehung. Beide Partner quälen sich, weil die Erwartungen des einen vom anderen nicht erfüllt werden können, die hochgeschraubten Wünsche nicht realisiert werden und das Vorurteil enttäuscht wird.

Mein Bild, das ich mir vom Partner gemacht habe, ist ein *Vorurteil.* Ganz tief im Innern hat es sich seit Jahren gebildet. Meine guten und schlechten Erfahrungen mit Eltern, mit Mädchen und Jungs finden in meinem späteren Vorurteil ihren Niederschlag.

Vorurteile können lauten:

Frauen sind gefügig, sie warten auf das Urteil ihres Mannes.
Frauen opfern sich für den Mann auf.
Frauen werden nur vom Gefühl bestimmt.
Männer werden grundsätzlich vom Verstand regiert.
Männer haben immer ein Machtwort zu sprechen.
Männer sind untreu und polygam veranlagt.

Solche Vorurteile oder andere nehmen wir mit in die Ehe. Sie bestimmen unser eheliches Zusammenleben und rufen Missverständnisse und Verbitterung hervor. Der eine fühlt sich *enttäuscht,* der andere *überfordert;* der eine fühlt sich *betrogen*, der andere *minderwertig;* der eine fühlt sich *nicht geliebt*, der andere *nicht verstanden.*

Der Schriftsteller Max Frisch beschreibt in seinem Roman »Stiller« die Beziehung zwischen der Titelfigur und seiner Frau Julika. Stiller hat sich ein Bild von Julika gemacht, gegen das kein Widerspruch erlaubt ist, und so geschieht es, dass Stiller ständig gegen sein Bild von Julika kämpft, das niemals der Wirklichkeit entspricht. Julika kennt dieses Vorurteil ihres Mannes und sagt: »Du hast dir nun mal ein Bildnis von mir gemacht, ein fertiges, endgültiges Bildnis ... Ich habe in letzter Zeit auch über vieles nachgedacht ... Nicht umsonst heißt es in den Geboten: ›Du sollst dir kein Bildnis machen!‹ Jedes Bildnis ist Sünde. Es ist genau das Gegenteil von Liebe.« Stiller ist solchen Wahrheiten nicht mehr zugänglich. Er hält fest an seinem Julika-Bild.

Er verlässt die weinende und erschöpfte Julika und ist für viele Jahre verschollen.

Wunschbilder führen in der Ehe zur Entfremdung. Sie pressen den Partner in ein Bild, das er nicht ist, und sind Erwartungen, die der andere nicht erfüllen kann. Wer Wunsch- und Traumbildern nachhängt, liebt den anderen nicht. Liebe heißt: Ich sage Ja zu dem anderen, mit seinen Schwächen und Fehlern. Wer seine Wunschträume nicht aufgeben will, geht häufig in Gedanken, Worten und Werken fremd. Die Realität macht ihn unzufrieden. Die Wunschbilder treiben ihn vom Partner weg. Das Zweite Gebot ist theologisch auf Gott gemünzt. Wir sollen uns von IHM kein Bild machen. Alle Bilder, die wir uns machen, sind Einengungen der Größe Gottes, sind Karikaturen seiner Majestät. Das Gleiche gilt auch für den Partner. Julika hat recht. Ihr Mann ist an diesen Wunschträumen gescheitert.

Fragen an mich und an uns

Kann ich ehrlich sagen: »Ich liebe meinen Partner, wie er ist. Ich liebe kein vorgefertigtes Bild, das ich mir im Laufe meines Lebens gemacht habe«?

Welche Bilder und Vorurteile meines Partners sind es, die ich von ihm im Herzen trage und auf die ich schlecht verzichten kann?

Gibt es konkrete Partnerprobleme, die damit zusammenhängen, dass ich von vorgefassten Bildern schlecht abrücken kann?

Will ich meinen Partner auf meine Wünsche einschwören?

Bin ich auch auf anderen Gebieten intolerant und verzichte nicht auf meine Vorurteile?

Herr, ich spüre, je mehr ich mir Bilder und Vorstellungen
von meinem Partner mache, wie ich ihn gern hätte,
desto unzufriedener bin ich mit mir und dem anderen.
Vergib mir meinen Egoismus. Schenk uns beiden, dass wir
uns bejahen, wie wir sind, dass wir nicht auf Wünschen
und Vorstellungen beharren, die uns unglücklich machen.
Lass uns dankbar sein, dass wir miteinander leben,
dass das Positive überwiegt und nicht das Negative.
Amen.

IMPULS *13*

Verfallen Sie bei Problemen nicht in Selbstmitleid!

»Zerschlagen liege ich da, am Ende meiner Kraft. Vor Verzweiflung kann ich nur noch stöhnen.«
PSALM 38, 9

Welcher Mensch reagiert mit Selbstmitleid? Derjenige, der kein gesundes und starkes Selbstbewusstsein entwickelt hat. Selbstmitleid ist eine destruktive Lebenseinstellung.

Ich tue mir selbst leid, füge mir selbst Leid zu und bedaure mich zutiefst. Ich leide, um den anderen zu beeindrucken. Was er mir angetan hat, kränkt mich sehr. Diese Selbstbestrafung kann den Partner beeindrucken, sie kann ihn auch abstoßen.

Der Ordenspriester und Therapeut Anselm Grün kennzeichnet dieses falsche Streben so:

»Wer ständig um sich und seine Probleme kreist, verletzt sich selbst. Wer sein einziges Ziel darin sieht, von seinen Ängsten befreit zu werden, wird immer auf seine Angst fixiert bleiben. Wer alles kontrollieren will, dem gerät das Leben außer Kontrolle. Wer alles richtig machen will, wird am Ende feststellen, dass er alles falsch gemacht hat … Solange wir nur darum kreisen, unsere Wünsche zu erfüllen und leidvolle Situationen zu verändern, werden wir uns immer selbst verletzen.« Niemand kann uns verletzen, wenn wir es nicht zulassen. Niemand verfällt in Selbstmitleid, wenn er sich nicht etwas davon verspricht. Mir sagte einmal ein Ratsuchender: »Es tut manchmal der Seele richtig gut, sich im eigenen Leid zu suhlen.«

Die Selbstverletzung macht uns blind für den anderen. Wir kreisen narzisstisch um uns selbst.

Nicht wenige drehen die Ablehnung, die sie als Kind erfahren haben, um in Selbstablehnung und Selbsthass. Der stoische Philosoph Epiktet schrieb: »Die Menschen werden nicht durch die Ereignisse verwirrt, sondern durch die Vorstellung, die sie sich über die Ereignisse bilden.« Meine Deutung erzeugt das Selbstmitleid.

Selbstverständlich kann es auch sein, dass dieses Problem Ihre Ehe nicht berührt.

Leid gehört zum Leben. Leid gehört auch zum Christsein. Leid darf nicht verharmlost werden. Benachteiligung, Ablehnung, Ungerechtigkeit und Kränkungen aller Art können wir im Leben und in der Ehe nicht vermeiden. Die Frage bleibt: Wie gehen wir damit um?

Der Psalmbeter wird von Leid heimgesucht. Es hört sich an, als wenn er in Selbstmitleid schwelgen würde. Aber das tut er nicht. Und genau da liegt der Unterschied zum Menschen mit Selbstmitleid. Der Psalmbeter kreist nicht um sich selbst, er weidet sich nicht selbst an seinem Leid. Er wendet sich an Gott. »Denn auf dich, Herr, hoffe ich.« Oder: »Herr, verlass mich nicht! Mein Gott, bleib nicht fern von mir.« Der Mensch mit Selbstmitleid genießt sein Elend, er will von außen nicht getröstet werden. Er tröstet sich in seinem Leid, ja er erstickt in seinem Leid. Christen, die dem Selbstmitleid entgehen, rufen die Barmherzigkeit Gottes an, sie gehen barmherzig mit sich um und suchen Trost im anderen. Liebe und Selbstliebe, Barmherzigkeit Gottes und Barmherzigkeit mit sich selbst gehören zusammen. Wer sich dem Leid fügt und wer sein Leid einem anderen anvertraut, dem Nächsten oder Gott, blickt von sich weg. Denn es bleibt dabei: *Wir* zermartern unsere Seele, *wir* schauen nur auf uns selbst, *wir* kommen von uns selbst nicht los. Unser Herr will nicht, dass wir im Selbstmitleid Gott und den Mitmenschen aus den Augen verlieren.

Fragen an mich und an uns

Wann ist mir das Selbstmitleid begegnet? Wie hat es sich bei mir ausgewirkt?
Wurde ich in der Familie zurückgesetzt, missachtet oder benachteiligt und habe schon früh Selbstmitleid erlebt?
Kann es sein, dass ich dieses Gefühl der Zurücksetzung auch auf meinen Partner projiziere?
Wie geht es mir und der Beziehung, wenn ich in Selbstmitleid schwelge?
Wenn es mich oder meine Partnerschaft schwer belastet, bin ich bereit, Fachseelsorge aufzusuchen?
Will ich meinen Partner mit Selbstmitleid beeindrucken?

Herr, manchmal ertappe ich mich dabei, in Selbstmitleid zu versinken. Ich glaube, ich bin benachteiligt, alles Elend trifft mich zuerst. Ich bin fürchterlich arm dran. Ich leide, ich weine und tue mir selbst leid. Mit mir ist nichts los. Aus Trotz und Bosheit will ich mich auch nicht trösten lassen. Mein Unglück möchte ich hinausschreien. Herr, hilf mir, dass ich zu meinem Gewordensein Ja sage, dass ich deine Fügungen bejahe und immer weiß, dass du es gut mit mir meinst. Ich bin dein Kind und in deiner Hand. Amen.

IMPULS 14

Wir bejahen die Fähigkeit zur Selbstabgrenzung

»Ja, wenn die Liebe uns ganz erfüllt,
vertreibt sie sogar die Angst.
Wer sich also fürchtet, und zwar vor der
Strafe zittert, der kennt wirkliche Liebe
noch nicht.«
1. JOHANNES 4, 18

Ehe beinhaltet *Zweisamkeit,* sie beinhaltet auch *»ein Fleischwerden«* und *aktive Hingabe.*

Aus du und ich entsteht *ein Wir.* Das ist die *eine* Seite der Ehe. Die *andere* Seite bedeutet aber auch: Hingabe und Selbstabgrenzung, Zusammensein und Alleinsein, Gemeinsamkeit und Selbstbehauptung, Verschmelzung und Distanz.

Abhängigkeit und Unabhängigkeit gehören zusammen. Beide Partner können und wollen sich anlehnen. Aber Hörigkeit und Unterwerfung gehen zu weit. Ehe verlangt Hingabe, aber keine Unterwerfung. Der Unterwürfige spielt dem Partner zu große Macht in die Hände. Beide Partner müssen in der Lage sein, sich selbst zu behaupten, sich eigenständig und unabhängig in der ehelichen Gemeinschaft zu bewegen. Jeder muss sich auch abgrenzen können.

Völlige Hingabe darf nicht völlige Selbstaufgabe beinhalten. Wenn einer ständig nachgibt, verliert er die Selbstachtung. Wenn sich einer ständig unterordnet, hat er Angst, die Liebe zu verlieren. Wenn einer ständig vor Konflikten ausweicht, ist die Gleichwertigkeit gestört.

Je größer die Hörigkeit oder die Abhängigkeit, desto intensiver die Aggression oder die Depression. Richtet sich die Aggression nach innen, reden wir von Depression. Depression wird auch die »Wut nach innen« genannt.

Nächstenliebe *und* Selbstliebe gehören zusammen.
Nächstenliebe *und* Selbstbehauptung sind lebensnotwendig.
Nächstenliebe *und* Selbstabgrenzung schließen sich nicht aus.

Beide Partner müssen einen Kompromiss finden, um Nähe und Distanz leben zu können. Liebe bedeutet, dass Abhängigkeit und Unabhängigkeit von beiden – ohne Kampf und Streit – gelebt werden können.

Wirkliche Liebe ist frei von Angst. Wer sich nicht abgrenzen kann, hat Angst. Wovor?

Angst, nicht geliebt zu werden, abgelehnt zu werden, Anstoß zu erregen, ausgegrenzt und fallen gelassen zu werden.

Diese vollkommene Liebe, wie sie der erste Johannesbrief beschreibt, fehlt uns allen. Darum haben wir – ohne Ausnahme – immer wieder Probleme in der Ehe, in Beziehungen, im Zusammenleben. Unsere irdische Liebe ist unvollkommen und egoistisch, sie praktiziert *Abhängigkeit und Hörigkeit,* will den anderen *kontrollieren*, besitzen und bestimmen, will *in Ruhe gelassen* werden, sie will *haben,* aber nicht geben.

Und so entstehen Probleme der *Selbstabgrenzung*. Der eine

klammert, weil er sich im Stich gelassen fühlt. Der andere geht auf Distanz, weil er nicht vereinnahmt werden will. Der eine kann sich sehr gut abgrenzen, weil er gut allein sein kann. Der andere rückt dem Partner auf den Pelz, weil er das Alleingelassensein nicht erträgt.

Liebe beinhaltet, dass beide Bedürfnisse, die jeweils berechtigt sind, für beide Beteiligten zufriedenstellend beantwortet werden. Jeder hat Erfahrungen in der Kindheit gemacht, warum er mehr Nähe oder mehr Distanz braucht. Diese Erfahrungen können wir nicht einfach ausradieren. Liebe heißt, diese Einstellungsmuster ernst zu nehmen und sie mit Gottes Hilfe zu meistern.

Fragen an mich und an uns

Kann ich die Notwendigkeit der Selbstabgrenzung bejahen oder sehe ich darin ein liebloses und eheschädigendes Verhalten?

Was drücke ich damit aus, dass ich mein Eigenleben aufgebe und mich von meinem Partner völlig abhängig mache?

Was tue ich, wenn sich mein Partner in meinen Augen stark abgrenzt und sein Eigenleben betont? Begegne ich ihm mit Vorwürfen, mit Anklagen oder mit Erpressungen?

Erkenne ich, dass Schweigen, Rückzug, Überstunden und auswärtige Abendverpflichtungen ehestörende Selbstabgrenzungen bedeuten? Will ich damit meinen Partner bestrafen?

Welche Schritte will ich vermeiden, die bisher zu stärkeren Ehekonflikten geführt haben?

Herr, ich erkenne in meinem Rückzugsverhalten, in meinen vielen Verpflichtungen und Abendgeschäften, dass ich mich damit vom Partner distanziere und meine Abgrenzung lebe. Herr, ich erkenne in meinem Klammern, dass ich mich verlassen und im Stich gelassen fühle und meinen Partner bedränge. Herr, diese Unterschiedlichkeit bürdet uns eine große Verantwortung auf. Schenke uns, dass wir die jeweiligen Bedürfnisse respektieren, bejahen und so lösen, dass unsere Ehe von Zufriedenheit geprägt wird.
Amen.

IMPULS *15*

Wir bemühen uns, Ich-Botschaften und keine Du-Botschaften zu senden

»Handelt nicht aus Selbstsucht oder Eitelkeit! Keiner soll sich über den anderen erheben, sondern ihn mehr achten als sich selbst. Verfolgt nicht eure eigenen Interessen, sondern seht auf das, was dem anderen nutzt.«
PHILIPPER 2, 3–4

Menschen, die sich gut kennen, operieren schnell mit Du-Botschaften, die *anklagend, vorwurfsvoll, verletzend* und *kränkend* beim anderen ankommen. Du-Botschaften stempeln den anderen zum Sündenbock. Der Fehler ist, dass der Ehepartner immer genau weiß, was *der andere* falsch gemacht hat, was *der andere* ändern muss, wo *der andere* versagt hat und wo *der andere* die Schuld trägt. Er lenkt von sich ab auf den Partner. Er sieht nicht den Splitter im eigenen Auge. Er sieht nur den Balken beim anderen.

Du-Botschaften sind Urteile, Vorurteile und subjektive Behauptungen. Bei Du-Botschaften reagieren die meisten Partner trotzig und machen Gegenvorwürfe: »Und was machst *du?*« – »*Du* bist ja ohne Fehler!« – »*Dir* kann das ja nicht passieren!« Der Partner reagiert mit passivem oder aktivem Widerstand.

Wie klingen Ich-Botschaften? Was ist ihr Vorteil? Sie rufen weniger Widerstand hervor. Sie klagen nicht an. Sie beschämen den Partner nicht.

»Ich habe den Eindruck, dass wir uns unmöglich miteinander verhalten!« – »Ich kann mir vorstellen, dass wir beide das Problem ohne Kampf lösen!« – »Ich habe große Probleme mit Haaren im Waschbecken!« Diese Botschaften klingen versöhnlicher. Ich-Botschaften machen deutlich, dass beide beteiligt sind, dass für beide eine Lösung ansteht.

Du-Botschaften sind in der Tat aus Selbstsucht geboren. Es sind beziehungsfeindliche Botschaften. Wir haben eine reine Weste, der andere trägt die Schuld. Meinen Anteil sehe ich nicht. Das Zusammengehörigkeitsgefühl funktioniert nicht. Wer anklagt, gibt sich fehlerfrei, überhebt sich über den anderen und achtet den anderen weniger als sich selbst. Das bestätigt uns der Philipperbrief. Hilfreiche Fragen sind: »Was habe *ich* getan, dass du so reagierst?« – »Was muss *ich* ändern, damit es dir leichtfällt, mich zu lieben?«

Einseitige Du-Botschaften können den Partner zwingen, die Wünsche zu erfüllen. Aber ein Stachel im Fleisch bleibt. Trotz und Ärger sind nicht verschwunden. Die Liebe bleibt auf der Strecke. Rachegedanken schleichen sich ein und warten darauf, dem anderen bei passender Gelegenheit eins auszuwischen. Wer mit Du-Botschaften arbeitet, stellt Bedingungen. Aber Bedingungen haben in der Liebe nichts zu suchen.

Auch der, der die Du-Botschaft gehört hat, kann sich fragen: Warum setzt du dich eigenmächtig durch und tust nicht, was dem anderen nutzt, was der Ehe nutzt, was die Beziehung fördert?

Was dem anderen nutzt, stabilisiert die Ehe, stützt das Wohlwollen des Partners und verstärkt die Harmonie. Warum können wir nicht liebevoll dem Partner begegnen und sagen: Ich wünsche mir von dir ... Ich würde mich freuen, wenn ... Selbst wenn der andere auch einen Wunsch anmeldet. Gegenseitige Wunscherfüllung ist Liebe. Oder?

Fragen an mich und an uns

Bin ich bereit, einige Tage lang meine Du-Botschaften zu überprüfen?

Kann es sein, dass ich mit meinen Du-Botschaften meinen Partner reize und wütend mache?

Kann es sein, dass ich mit meinen Du-Botschaften meinen Partner absichtlich treffen und verletzen will?

Kann es sein, dass ich mit meinen Du-Botschaften von meinen Problemen und Anteilen an den gemeinsamen Schwierigkeiten ablenken will?

Was sind die eigentlichen Motive, die hinter meinem Ärger und meiner Wut stecken?

Fühle ich mich ausgenutzt, beleidigt, abgeschoben oder nicht ernst genommen?

Herr, mein Ärger und meine Wut kommen leider sofort zur Sprache, und ich praktiziere Du-Botschaften, die den anderen noch mehr verletzen. Hilf mir, Unzufriedenheiten sofort mit dem Partner anzusprechen. Gib mir die Kraft, Ärger und Missfallen versöhnlicher und hilfreicher auszusprechen. Und wenn ich Du-Botschaften höre, lass mich hellhörig sein, weil ich weiß, dass der andere leidet, und nicht hässlich und rachsüchtig reagieren. Herr, mach mich aufmerksam auf meine falschen Antworten.
Amen.

IMPULS 16

Eheliche Treue hat einen hohen Stellenwert

»Achtet die Ehe und haltet euch als Ehepartner die Treue. Gott wird jeden verurteilen, der sexuell zügellos lebt und die Ehe bricht.«
HEBRÄER 13, 4

Treue fängt eigentlich dort an, wo sie auf die Probe gestellt wird: wo aus Sympathie Abneigung zu werden droht, die körperliche Liebe verebbt, die Versuchung zur Untreue mächtig wird, wo die Gefühle füreinander ins Wanken geraten und einer daran zweifelt, den richtigen Partner zu haben.

Matthias Claudius hatte recht, als er schrieb: »Das Heiraten kommt mir vor wie eine Zuckerbohne, schmeckt anfangs süßlich und die Leute meinen, es werde ewig so fortgehen. Aber das bisschen Zucker ist bald abgeleckt und dann kommt inwendig den meisten ein Stück Rhabarber und dann lassen sie's Maul hängen.« Treu kann nur sein, wer um des eigenen Wertes wie um des Partners willen auf die Erfüllung eigener Wünsche verzichten kann.

Manche Leute halten Treue für ein hohes, aber leider allzu

hohes Ideal, für ein Zielgebot, das wir zwar mit ehrlichem Herzen anstreben, aber keineswegs immer halten können. Das Gelöbnis auf dem Standesamt und vor dem Traualtar ist für sie der gut gemeinte Vorsatz, immer die Wahrheit zu sagen, der aber unter dem Druck der Verhältnisse zu Bruch geht.

Treu sein heißt beständig sein. Das erwarten Mann und Frau voneinander. Wer sich treu bleibt, lässt sich nicht mit Geld und guten Worten von der Wahrheit abbringen.

Treu sein ist keine Frage des Gefühls, sondern eine Frage des Gehorsams. Wer die Treue seinem Gefühl anvertraut, der wird laufend untreu werden, denn die Gefühle sind das Unzuverlässigste, was es gibt. Wenn das Klima stimmt, wird die Treue großgeschrieben. Wenn die Gefühle füreinander nicht mehr stimmen, wenn die Liebesgefühle sich aus dem Staub gemacht haben, wird die Treue wankelmütig und brüchig.

Treue ist ein Beziehungswort. Wenn wir im Duden nachschlagen, finden wir folgende Definition: »beständige Gesinnung, die an einmal eingegangenen Verpflichtungen festhält«. Eheleute versprechen sich die Treue. Sie zeigen damit, dass sie zusammengehören und auch zusammenbleiben wollen. Treue steht hoch im Kurs. Neun von zehn Männern erwarten von ihrer »Traumfrau« vor allen Dingen Treue. Das ergab eine Umfrage unter insgesamt 5600 Lesern der Zeitschrift »Für Sie«.

Viele wollen allerdings keine lebenslange Treue, sondern eine Verpflichtung für einen bestimmten Lebensabschnitt. Viele halten Treue für eine Art Pflicht. Aber Treue ist mehr als Pflicht, Treue ist mehr als eine Gewohnheit. Treue und Liebe gehören zusammen. Wie hat Hans von Keler gesagt: »Die Treue auf Zeit ist die Lieblosigkeit von morgen.« Unsere schnelllebige Zeit greift Worte wie Dauer und Beständigkeit an. Aber: Je mehr die Treue zu verfallen scheint, desto größer wird die Sehnsucht der Menschen nach ihr.

Jesus hält die Treue für ein Wesensmerkmal seiner Nachfolger. Ein Eheleben lässt sich nur auf Verbindlichkeit und Zuverlässigkeit aufbauen. Unsere Treue ist aber lediglich ein schwaches Abbild der Gottestreue. Seine Treue wird einige hundert Mal in der Bibel beschrieben. Dem Christen, auch dem Ehepartner, wird die Treue nicht aufoktroyiert. Sie wird nicht juristisch überwacht und polizeilich geschützt. Der Geist des Herrn erfüllt, aber versklavt uns nicht.

Geben wir den Verlockungen der »wilden Freiheit« nach, versklaven wir uns an die Unfreiheit und an die Untreue. An der Treue und der Untreue entscheiden sich Gegenwart und Zukunft jeder Lebensgemeinschaft.

Fragen an mich und an uns

Habe ich mich vor Gott und meinem Partner verpflichtet, was auch kommt, meinem Partner die Treue zu halten?

Erkenne ich, dass ich nur mit Gottes Beistand treu bleiben kann?

Welche Versuchungen sind es, die mich untreu machen können?

Ist nur sexuelle Untreue eine Möglichkeit der Untreue?

Welche Einstellungsmuster kann mir mein Partner als Untreue auslegen?

Kann ich Untreue in Gedanken, Worten und Werken als Untreue wahrnehmen?

Herr, Untreue ist eine teuflische Versuchung. Bewahre uns davor, den kleinsten Verführungen nachzugeben. Herr, lass uns nicht großzügig mit Untreue-Versuchungen umgehen. Benenne du unsere Schwachstellen. Herr, zeige uns, dass Ehebruch nicht nur ein sexuelles Problem ist. Gib uns die Kraft, dass wir nicht Ärger und Wut mit Untreue heimzahlen.
Amen.

IMPULS 17

Der gemeinsame Glaube ist eine eheliche Bereicherung

»Anmut kann täuschen und Schönheit vergeht wie der Wind – doch wenn eine Frau Gott gehorcht, verdient sie Lob.«
SPRÜCHE 31, 30

Eine jahrzehntelange Eheberatungspraxis hat mir gezeigt, dass ein gemeinsamer Glaube an Gott für die Partner ein unvorstellbares Geschenk darstellt. Beide fühlen sich getragen und geborgen und haben in Gott ihren letzten Halt. Beide leben mit geringerer Angst, vertrauen einander ohne Vorbehalte und fühlen sich von Gott bestätigt. Beide sind für Krankheiten und Infekte weniger anfällig und gehen mit Konflikten und Problemen besser um.

Gott ist immer der Dritte in ihrer Mitte. Wenn Kinder kommen, Berufsfragen zur Debatte stehen, Krankheiten sich einstellen und Anfechtungen auftreten, der gemeinsame Glaube fördert gemeinsame Lösungen. Unterschiedliche Charaktere, unterschiedliche Meinungen und Lebensauffassungen werden im Glauben leichter verarbeitet. Der gemeinsame Glaube verhindert nicht unterschiedliche Vorstellungen und unterschiedliche Wünsche und Bedürfnisse, aber der Glaube dämpft den Egoismus und verkleinert die Selbstsucht. Wenn sich einer in seiner Haltung völlig falsch verhält, rückt das Gespräch mit Gott in der Regel die lieblose Weichenstellung wieder zurecht. Der gemeinsame Gottesdienstbesuch und das gemeinsame Gebet richten Kopf und Herz stärker auf gemeinsame Ziele aus.

Der Glaube ist ein Schutzschild, der allerdings versagt, wenn zwei Meinungen, die völlig kontrovers sind, nicht stehen gelassen werden. Egoismus, Selbstsucht und Sünde sind Einstellungsmuster, die leider zum gefallenen Menschen gehören. Wer seine Vorstellungen rechthaberisch durchsetzen will, wird wahrscheinlich das Zusammenleben zerstören.

Der Glaube ist ein *Schutz,* aber keine Beziehungsgarantie. Der Glaube ist eine *Hilfe*, aber keine lückenlose Versicherung.

Der Glaube ist keine Versicherung gegen körperlichen Abbau, keine Garantie für ewige Jugend und keine Garantie, dass zwei Menschen sich ewig treu bleiben und lieben. Im Bibeltext ist nur von der Frau die Rede. Wenn beide Gott gehorchen, haben beide Lob verdient. Warum? Sie sind beide nicht in erster Linie mit ihrem Aussehen, mit ihrer Figur und mit ihrer sexuellen Ausstrahlung beschäftigt. Der Glaube ist eine Grundlage, das Zusammenleben zu stabilisieren, er ist eine Basis, Liebe nüchtern zu betrachten. Der Glaube ist eine Bedingung, Liebe und Verliebtheit, Liebe und körperliche Anziehung, Leidenschaft und Liebe differenziert zu betrachten.

Der Glaube macht eher zufrieden, wenn beide alles in Gottes Händen lassen, das Wetter, das Leben, unsere Wünsche, das Morgen und das Heute, Schönheit und Karriere – einfach alles. Sie wissen sich, ihre Träume und Bedürfnisse, ihre Pläne und Ziele am besten bei IHM aufgehoben. Das ist ein Glaube, der bereichert. Das ist ein Glaube, der einen gemeinsamen Ansprechpartner hat, mit dem beide ihren Ärger, ihre Missverständnisse und ihren Kummer besprechen.

Der Glaube bestärkt die Liebe, unterstützt die Toleranz, befreit von Fanatismus und Engstirnigkeit und bewahrt vor unrealistischen Vorstellungen der Eheleute.

Fragen an mich und an uns

Wo hilft uns der Glaube, Konflikte in der Ehe zu verringern?
Inwiefern ist der Glaube eine Basis für unser Zusammenleben?
Woran liegt es, dass wir bestimmte Probleme trotz des Glaubens nicht gelöst bekommen?
Ist es richtig, dass wir bestimmte Antworten von Gott kennen, sie aber nicht umsetzen können? Wie lauten sie?
Welchen Stellenwert hat der Glaube für unsere Ehebeziehung?
Wo hilft mir der Glaube, Persönlichkeitsprobleme zu verringern?

Herr, wir danken dir, dass wir als Eheleute glauben dürfen, uns dir anvertrauen können, Kummer und Sorgen bei dir aufgehoben wissen, dass du uns auch nicht verlässt, wenn wir gegen die Liebe und deine Gebote handeln, dass wir als Eheleute deine Kinder sind. Herr, wir brauchen deinen Beistand und deine Antwort, wenn wir uns verrannt haben. Wir brauchen deine Liebe, wenn unsere Liebe ausbrennt.
Amen.

IMPULS *18*

Wir bemühen uns, keine Entweder-oder-Standpunkte zu vertreten

»Wer freundlich zu anderen ist, hilft sich selbst damit; der Unbarmherzige schneidet sich ins eigene Fleisch.«
SPRÜCHE 11, 17

Viele Menschen sind der Meinung: Entweder-oder-Standpunkte schaffen klare Verhältnisse. Sie bewahren vor halbherzigen Kompromissen. Sie schaffen Eindeutigkeit. Das stimmt zweifellos. Aber sie haben erfahrungsgemäß etwas *Endgültiges*. Sie schneiden, wo sie verbinden sollten, zerstören, wo sie Lösungen anbieten sollten, und verbauen Versöhnungen, weil sie radikal angesetzt sind.

Für Entweder-oder-Menschen ist die Welt zweigeteilt. Da gibt es nur Treue und Untreue, Friedliebende und Kriegstreiber, Anständige und Unanständige, schwarz und weiß, rechts und links, alles oder nichts ... Diese Vereinfachung ist zwar praktisch, für den zwischenmenschlichen Umgang aber sehr gefährlich. Entweder ist die Partnerschaft ohne Tadel oder sie ist eine einzige

Katastrophe. Entweder-oder-Lösungen sind unbarmherzig, idealistisch und in der Regel unmenschlich. »Du liebst mich so, wie ich mir das vorstelle, oder du kannst das Weite suchen.« Wer so denkt, bleibt in der Regel allein.

Die Forderungen an mich und den anderen sind übertrieben. Was sind die Folgen? Wer mit extrem hohen Erwartungen herumläuft, erntet extrem tiefe Enttäuschungen. Wer extrem hohe Maßstäbe an die Ehe setzt, wird immer unzufrieden und unglücklich bleiben. Wer Grundsätze überbetont, landet häufig in der Depression und in der Verzweiflung. Zufriedene Menschen in der Ehe sind in der Regel barmherzig und tolerant. Sie können mit Fehlern, Schwächen und Unvollkommenheiten leben.

Entweder-oder-Menschen sind unbarmherzig. Ihre Ansprüche an sich und andere sind zu hoch. Ihr Idealismus ist teuflisch. Warum? Der Durcheinanderbringer weiß genau: Idealismus klingt geistlich. Das I-Tüpfelchen des Gesetzes muss eingehalten werden. Wer es einhält, braucht Jesus nicht mehr. Jesus ist für Sünder gestorben, nicht für Idealisten. Wer ohne Sünde leben will, muss diese Erde verlassen. Entweder-oder-Menschen machen sich und andere unglücklich. »Sie schneiden sich ins eigene Fleisch.« »Idealisten sind Menschen«, sagt der Schweizer Therapeut Binswanger, »die sich verstiegen haben.« Sie sitzen im Gebirge in der Sackgasse. Nur ein Rettungskommando kann sie da rausholen.

Entweder-oder-Menschen sind Perfektionisten. Sie wollen das Hundertprozentige oder sehen sich als Versager. Jedem Menschen, der den idealen Partner sucht, kann ich nur raten: Heirate einen Engel oder lass es bleiben. Ist es ein Wunder, dass viele Frauen und Männer einsam und ledig bleiben, weil die den idealen Partner nicht gefunden haben?

Wer *freundlich* zu anderen ist, wer zu anderen *gütig* oder großzügig ist, der hilft sich selbst und der hilft der Ehe. Der andere fühlt sich verstanden, der andere fühlt sich geliebt.

Der Kleinkarierte denkt und handelt kleinkariert. Der Perfektionist denkt und handelt perfektionistisch. Der Entweder-oder-Mensch denkt und handelt schwarz-weiß. Es bleibt dabei: Er macht sich und die Ehe unglücklich.

Neben dem Begriff Liebe ist die Barmherzigkeit die schönste Charakterisierung unseres Gottes. Und darin sollten wir ihm nacheifern.

Fragen an mich und an uns

Gehöre ich zu den Menschen, die Entweder-oder-Standpunkte vertreten?

Liebe ich Schwarz-Weiß-Urteile, die meinen Lebensvorstellungen entgegenkommen?

Benutze ich Formulierungen, die einem Freund-Feind-Denken entgegenkommen?

Was will ich mit Radikalaussagen bezwecken?

Welche Schwierigkeiten sind durch Entweder-oder-Einstellungen in meiner Ehe entstanden?

Neige ich zu Resignation, Depression oder Verzweiflung, weil ich entsprechenden Vorstellungen nachhänge?

Muss ich einige Grade besser sein als andere Menschen?

Was will ich tun, um meine Entweder-oder-Haltung abzuschwächen?

Mein Herr und mein Gott, ich erkenne in meinem Verhalten eine Neigung zum Schwarz-Weiß-Denken. Ich möchte am liebsten alles oder nichts, ganz oder gar nicht, Sekt oder Selters. Gegen alle Mittelwerte bin ich negativ eingestellt. Meine Erwartungen sind extrem hoch. Herr, ich bekenne dir, dass ich darum laufend schwere Enttäuschungen erlebe. Meine überhöhten Wünsche machen mich und meinen Partner unglücklich. Herr, hilf mir, dass ich mit meinem Partner neue Strategien für unsere Ehe entwickle. Gib mir die Kraft, dass ich meine idealistischen Vorstellungen herunterschraube.
Amen.

IMPULS *19*

Wir sind für unsere Gefühle verantwortlich

»›Warum bist du so zornig und blickst so grimmig zu Boden?‹, fragte ihn der Herr. ›Wenn du Gutes im Sinn hast, kannst du doch jedem offen ins Gesicht sehen. Wenn du jedoch Böses planst, dann lauert die Sünde dir auf. Sie will dich zu Fall bringen, du aber beherrsche sie!‹«

1. MOSE 4, 6–7

»Ich bin für meine Gefühle verantwortlich« – mit dieser Aussage stimmen viele Menschen nicht überein. Vielleicht überprüfen Sie einmal die Aussagen, die Sie z. B. so oder ähnlich treffen: »*Seine* Bemerkung hat mich tief verletzt.« – »*Deine* unglaubliche Ruhe macht mich rasend.« – »*Dein* Schweigen macht mich traurig.« – »Die *Sache* stinkt mir!« – »*Es* hat mich wütend gemacht.«

Zunächst zeigen diese wenigen Bemerkungen, dass ich *andere* für *meine* Gefühle, *meine* Stimmung und *meine* psychischen Reaktionen verantwortlich mache. Die Eltern, die Politiker, die Umstände, das Wetter, deine Launen – alles sind für mich Entschuldigungen und Rechtfertigungen, meinen Kopf nicht hinzuhalten. Ich frage zurück: *Wieso* muss mich seine Bemerkung tief verletzen? – *Wieso* macht mich seine Ruhe rasend? – *Wieso* muss die Sache mir stinken? …

Nicht meine Gefühle sind verantwortlich, sondern mein *falsches Denken,* meine subjektiven Überzeugungen. Wer bei allen beschriebenen Situationen anders denkt, wird auch anders mit seinen Gefühlen reagieren. Unsere Gefühle sind mit unseren Gedanken verflochten.

Ein kleines Beispiel soll Ihnen das verdeutlichen: Angenommen, wir legen auf den Boden ein 5 m langes und 25 cm breites Brett. Zweifellos ist jeder fähig, von einem Ende zum anderen zu gehen, ohne danebenzutreten und Angst zu entwickeln. Aber nun stellen Sie sich das Brett etwa 5 m über dem Erdboden vor. Rechts und links kein Geländer. Wer wird noch fähig sein, auf solch schmalem Steg ein paar Schritte zu wagen? Schon beim ersten Schritt werden die meisten zittern und große Angst entwickeln. Warum eigentlich? Im ersten Fall *stellen Sie sich vor*, es ist ganz leicht bis zum Ende darüberzugehen. Im zweiten Fall *reden Sie sich ein, bilden Sie sich ein, denken Sie und darum fühlen Sie,* dass das nicht geht. Gedanken und Gefühle sind eng miteinander verflochten.

In 1 Mose 4, 6–7 geht es um die Verflochtenheit von *Gedanken und Gefühlen* im menschlichen Leben und besonders in der Ehe. In diesem knappen Text werden die Wechselwirkungen klar und deutlich beschrieben. Ärger, Hass und Wut fallen nicht ohne Hintergedanken über uns her.

Wäre Kain *in Gedanken* nicht eifersüchtig auf seinen Bruder und nicht *in Gedanken* mit Mordlust beschäftigt, könnte er freundlich, liebevoll und ohne Hassgefühle den Mitmenschen begegnen. Seine schlimmen Fantasien rufen böse Gefühle hervor, nicht umgekehrt.

Eine amerikanische Autorin, Sue Burnham, schreibt über Gefühle: »Wut ist wie ein Streichholz. Wenn ich ein Streichholz anzünde, gibt es eine Flamme. Ich kann diese Flamme benutzen, um eine Kerze anzuzünden, aber ich kann mit der Flamme auch eine Stange Dynamit anzünden und alles vernichten und zerstören ... Eine Menge Menschen gehen mit ihrem Ärger um wie meine Großmutter mit ihrem Geld. Sie sammelte so lange Geldmünzen in einer Zuckerdose, bis sie genug hatte, um für jedes Familienmitglied eine Überraschung zu kaufen. Wer den Ärger sammelt, registriert jeden Schmerz und jede Beleidigung sorgfältig. Solche Menschen zahlen den Ärger so lange auf ihr Erinnerungskonto ein, bis sie genug zusammenhaben, um ihn in einem Ich-zahl-dir's-heim-Plan anzulegen. Dann zählen sie vor ihrem überraschten Partner jede einzelne Verletzung auf. Sie wollen ihn damit fertigmachen.«

Gott ruft Kain und uns auf, keine bösen Gedanken zu produzieren. Die bösen Gefühle folgen den Gedanken auf dem Fuß. Wer seine Gesinnung ändert, wer seine Haltung und seine Gedanken ändert, verändert immer auch seine Gefühle.

Fragen an mich und an uns

Ist es möglich, Gefühle ohne meine Gedanken zu äußern?

Bin ich bereit, eine Woche lang Aussagen zu sammeln und aufzuschreiben, die zeigen, dass ich meinen Partner für meine schlechten Gefühle verantwortlich mache?

Bin ich als Ehepartner bereit, christliche Umgangsregeln aus Überzeugung zu befolgen, um die Änderung meiner Gefühle zu überprüfen?

Wie lauten meine Selbsteinreden, die ich benutze, um meinem Partner die Schuld für meine schlechten Gefühle zu geben?

Sind es Entschuldigungen, die ich mir zurechtlege, um mein schlechtes Selbstwertgefühl zu schützen?
Will ich stärker als bisher für meine Gefühle die Verantwortung übernehmen?
Welche Schritte will ich unternehmen, um dem Ziel näher zu kommen?

Heiliger Gott und Herr, wenn ich vor dir und mir ehrlich werde, entdecke ich, dass ich die Verantwortung für meine schlechten Gefühle gern meinem Partner in die Schuhe schiebe. Ich glaube, er hat mich verletzt, er hat mich beleidigt, er hat mich gekränkt. Mit meinen schlechten Gefühlen will ich ihn bestrafen und will ihm Schuldgefühle machen. Herr, vergib, dass ich verantwortungslos handle. Schenk mir die Einsicht, wozu ich das tue, was ich mit diesem destruktiven Verhalten erreichen will. Schenk mir die Kraft, hässliche Gefühle ohne Vorwürfe anzusprechen.
Amen.

IMPULS 20

Geben und Nehmen sollten einigermaßen im Gleichgewicht sein

»Jesus antwortete ihm: ›Du sollst den Herrn, deinen Gott, lieben von ganzem Herzen, mit ganzer Hingabe und mit deinem ganzen Verstand! Das ist das erste und wichtigste Gebot. Ebenso wichtig ist aber auch das zweite: Liebe deinen Mitmenschen wie dich selbst! Alle anderen Gebote und alle Forderungen der Propheten sind in diesen Geboten enthalten.‹«
MATTHÄUS 22, 37–40

Geben und Nehmen sollen im Gleichgewicht sein. Sachlich gesehen: Selbstverständlich machen wir keine Aufrechnung. Aber wenn Geben und Nehmen zu weit auseinanderklaffen, schleichen sich negative Gefühle ein. Unzufriedenheit und Bitterkeit machen sich breit. Jeder Ehepartner billigt dem anderen die gleichen Rechte und Bedürfnisse zu – wie sich selbst. Er gibt dem anderen das Maß an Zuwendung und Liebe, das er für sich selbst anstrebt. Das Wohlbefinden des einen erfordert das Wohlbefinden des anderen.

Je mehr meine Wünsche und Bedürfnisse befriedigt werden, desto mehr bin ich in der Lage, die Wünsche des anderen zu erfüllen. Bin ich beglückt worden, kann ich den Partner beglücken. Kann ich Lust empfinden, fällt es mir leicht, die Lust des anderen zu erwecken. So ist die Zufriedenheit des einen gleichzeitig das Glück des anderen. Auch das andere gilt: Sein Glück, seine Zufriedenheit und sein Wohlbefinden strahlen auf mich zurück. So eng sind Geben und Nehmen miteinander verzahnt.

Viele Christen machen den Fehler, Unzufriedenheit und Ärger in sich hineinzufressen. Sie verleugnen ihre Konflikte und Kümmernisse. Sie haben jahrelang Unzufriedenheit geschluckt und lassen es offen oder versteckt den Partner spüren. Liebe und Zuneigung sind auf der Strecke geblieben. Mit Demut und christlicher Nachgiebigkeit hat das nichts zu tun. Einige verfallen in Selbstmitleid und fühlen sich als Märtyrer. Es bleibt dabei: Was wir in uns hineinfressen, bleibt nicht widerspruchslos in uns liegen. Es gärt, es arbeitet und macht uns krank.

Wieder andere wollen nur geben und nichts haben. Sie verströmen sich nur für andere. Ihre Aufopferungsbereitschaft sieht edel aus. Aber das einseitige Geben hungert sie aus. Sie leben gegen das Gebot, das die gesamte Bibel durchzieht: Liebe deinen Nächsten wie dich selbst. Selbstliebe und Nächstenliebe gehören zusammen. Geben und Nehmen sind in der Ehe die Basis für Zufriedenheit.

Geben und Nehmen, Nächstenliebe und Selbstliebe sind unteilbar. Liebe ist mehr als ein schöner Spruch. Peter Spangenberg hat eine beherzigenswerte Geschichte geschrieben, die von einer kranken Häsin handelt. Der Igel kam zu Besuch und sagte: »Kommt Zeit, kommt Rat!« Tags darauf sah die Eule herein und meinte: »Gut Ding will Weile haben.« Als die Feldmaus durchs Fenster schaute, fiepte sie: »Kopf hoch, Frau Nachbarin, so trägt eben jeder sein Päckchen!« Die alte Katze sah nur kurz herein und erkundigte sich nach dem Befinden: »Es wird schon wieder werden!«, meinte sie schnurrend. Auch der Maulwurf überwand seine Hemmungen und rief: »Keine Sorge, Ende gut, alles gut!« Die Häsin wurde wütend und empfand nur noch Bitterkeit. In der Küche tobten hilflos die Kinder. Keiner kümmerte sich um die Kleinen.

Es ist gut gemeinter Unsinn, Kranken und Hilflosen mit nichtssagenden Sprüchen zu helfen. Wir bieten Vertröstung, aber keinen Trost. Wer Gott über alles liebt, hat ein Herz für den Mitmenschen. Das gilt insbesondere für den Partner. Nächstenliebe und Selbstliebe gehören zusammen. Geben und Nehmen, Schenken und Beschenkt-Werden, Beglücken und Beglückt-Werden sollten ausgewogen sein. Solche Liebe schafft Zufriedenheit, Zuneigung und bewahrt die Partner vor Lieblosigkeit. Besonders wenn der Partner krank wird, sind Liebestaten und Gesten der praktischen Hilfe mehr wert als schöne Sprüche. Gottesliebe und Nächstenliebe beinhalten auch, sich in den anderen einzufühlen und zu spüren, was er wirklich braucht.

Fragen an mich und an uns

Bin ich als Christ und Ehepartner auch davon überzeugt, dass ich den anderen *mehr* lieben muss als mich selbst?

Wenn ich meine Partnerschaft anschaue, sind Geben und Nehmen, Beschenken und Beschenkt-Werden im Gleichgewicht?

Was hindert mich, den anderen wie mich selbst zu lieben?

Bin ich darum in der Ehe so verbittert, weil ich glaube, nur als Geber dazustehen und nur wenig zurückzubekommen?

Bin ich als Kind vernachlässigt worden und hungere mein Leben lang nach Liebe und Zuwendung?

Schenke ich unter Umständen darum so viel, weil ich dem anderen – ohne Bosheit und ohne Absicht – meine moralische Überlegenheit demonstrieren will?
Was hindert mich, die Erwartungen meines Partners zu erfüllen?

Herr, zunächst möchte ich dir für meine Ehe danken. Wir bereichern einander durch Verständnis *für die Probleme des anderen, durch* Ermutigungen, *die wir brauchen, durch* Zuhören, *wenn wir Freud und Leid teilen, durch* Trost, *wenn uns Misserfolge und Kummer drücken, durch* Gebete, *die wir sprechen und die uns gemeinsam aufbauen. Herr, wenn ich unsere Partnerschaft anschaue, habe ich das Gefühl, dass beide Schwerpunkte des Gebotes zu kurz kommen. Ich will dich über alle Dinge lieben, und doch sind mir viele Herausforderungen des Lebens wichtiger. Gleichzeitig spielt mir mein Egoismus einen Streich, den Partner in gleicher Weise zu lieben. Herr, mach mir das täglich neu bewusst und hilf mir, es zu ändern.*
Amen.

IMPULS 21

Wir überprüfen unsere Unterstellungen durch Rückfragen

»Wenn ihr unverständlich redet, wird euch niemand verstehen. Ihr redet in den Wind.«
1. KORINTHER 14, 9

Im Bibeltext ist in erster Linie von der Zungensprache die Rede. Die Anregung des Paulus gilt aber auch für die Kommunikation zwischen Partnern. Einer der Hauptschwierigkeiten im Zusammenleben ist das Auftreten von Missverständnissen. Eheleute werden zu *Gedankenlesern.* Sie produzieren falsche Annahmen, in die sie sich hineinsteigern können. Sie glauben, seherische Gaben zu besitzen.

»Ich weiß genau, was du denkst!« – »Ich sehe es ihr an, was in ihr vorgeht.« – »Sieh an, er hat mir Blumen mitgebracht. Mit Sicherheit hat er Schuldgefühle.« Vermutungen werden zu Gewissheiten hochstilisiert.

Unterstellungen rufen Widerstand und Abwehr im anderen hervor. Er wird ärgerlich. Jeder wirft dem anderen Unverschämtheiten an den Kopf. Eine Krise wird inszeniert, die das Klima zwischen den Partnern erheblich stört. Es sind Unterstellungen, die sich gegen den anderen richten. Sie beinhalten häufig unbewiesene Vorwürfe, ungewollte Lieblosigkeiten und bedauerliche Angriffe.

Die Liebe stellt keine Behauptungen auf, sie drückt Vermutungen in Frageform aus.

Viele Missverständnisse und Konflikte rühren daher, dass ein Partner *unbeirrbar annimmt*, der andere stimme voll mit ihm überein und billige seine Entscheidungen.

Er nimmt an, er wisse, was der andere denkt, braucht und sich wünscht. Das sogenannte Unterstellen beruht in der Regel auf einer Selbsttäuschung. Niemand kann die Gedanken des anderen erraten. Nicht wenige glauben, sie können in der Seele des anderen wie in einem Buch lesen. Umso größer ist die Enttäuschung, wenn die Annahmen sich nicht bestätigen oder einen großen Konflikt zur Folge haben, weil der Partner sich nicht verstanden fühlt.

Was können beide tun? Sie benutzen den Weg des Feedback. Feedback heißt Rückmeldung. Beide vergewissern sich durch Rückfragen, ob ihre Annahme, ihre Vermutung oder Unterstellung zutrifft: »Wenn ich dich richtig verstehe, möchtest du ...« – »Ich habe den Eindruck, dass du die Dinge so siehst, oder?« – »Ich möchte mich noch einmal vergewissern ...«

Diese Rückmeldungen verhindern Missverständnisse, halbherzige Entscheidungen, Unzufriedenheit und Aggression. Ernstnehmen des anderen heißt auch:

Ich lasse die Deutungen des Partners stehen.
Ich streite nicht und behaupte, dass er alles falsch sieht.
Ich achte seine subjektiven Urteile und Deutungen, weil jeder nur entsprechend seiner Wahrnehmung eine Sache beurteilen kann.

Dieses Muster beinhaltet Liebe.

Fragen an mich und an uns

Kann ich alle Entscheidungen, die getroffen werden, sorgfältig mit meinem Partner abklären?
Wenn es Schwierigkeiten in der Abklärung gibt: Woran liegt das? Was werfen wir uns vor?
Gehöre ich auch zu denen, die genau wissen, was der andere denkt und fühlt?
Glaube ich, dass ich für meinen Partner mitentscheiden muss?
Erlebe ich, dass Entscheidungen, die ich getroffen habe, im Nachhinein kritisiert werden?
Beruhen Konflikte und Missverständnisse in meiner Partnerschaft auf Unterstellungen und Behauptungen?
Wie lauten Unterstellungen, über die sich mein Partner besonders ärgert?

Herr, ich entdecke in unserem Zusammenleben, dass Missverständnisse, Zusammenstöße und Unzufriedenheit mit unbedachten Vorwürfen, mit Unterstellungen und wenig begründeten Behauptungen zusammenhängen.
Ich erkenne meine flinke Zunge, meine schnellen Abwertungen, meine Ungeduld bei Klärungen. Ich handele einfach und setze mich über den anderen hinweg.
Herr, mir wird klar, dass meine Ungeduld mit Rechthaberei, mit Egoismus und verstecktem Machtanspruch zu tun hat. Herr, hilf mir, dass ich mich nicht unabgeklärt durchsetze, auf Austausch verzichte und vieles selbst bestimme. Schenk uns beiden Liebe und Geduld, besser aufeinander zu hören.
Amen.

IMPULS 22

Wir lösen keine Eheprobleme durch Ehebruch

»Ihr wisst auch, dass es heißt: ›Zerstöre keine Ehe!‹ Ich aber sage euch: Wer die Frau eines anderen auch nur ansieht und sie haben will, hat in Gedanken schon ihre Ehe zerstört.«
MATTHÄUS 5, 27–28

Viele Partner versuchen, Eheprobleme durch Ehebruch zu lösen. Sie schauen nach anderen Männern oder Frauen. Sie *glauben*, der andere versteht mich besser, liebt leidenschaftlicher, ist unkomplizierter und hat weniger Probleme.

Jesus radikalisiert die alttestamentliche Aussage. Er vertieft das formale Gebot. Er schaut den Menschen auf den Grund. Jesus spricht in erster Linie die Männer an. Männer lieben körperbezogener, das ist sexualwissenschaftlich richtig. Männer reagieren triebbezogener. Bei ihnen kommen die sogenannten »inneren Werte« und charakterlichen Eigenschaften viel später ins Blickfeld. Viele lieben die Hülle und glauben, der Kern sei mit dem Äußeren eng verbunden. Sie glauben, wenn die Anziehung stimmt, komme der Rest von selbst. Die hohen Scheidungen decken diesen skandalösen Irrtum auf.

Wer nicht ernsthaft an der Ehebeziehung arbeitet, sucht die Hilfe in anderen Liebesbeziehungen. Er geht in Gedanken fremd. Er bricht in Gedanken die Ehe. Er hofft, mithilfe eines anderen Menschen seine Probleme zu lösen. Wenn die Zweit- und Drittehen in der Statistik wirklich besser funktionieren würden, wäre ich überzeugt.

Die Realität bestätigt es leider nicht. Immer wieder gilt: Liebe kostet Arbeit und Fantasie.

Beziehung kostet Arbeit, Konflikte in den Beziehungen kosten Mühe – und zwar für beide.

Probleme in der Ehe werden gelöst, indem beide Konflikte *nicht* übergehen, die Schwierigkeiten anschauen und besprechen, möglicherweise einen Fachberater oder Seelsorger ansprechen und sich klarmachen, dass beide an den Problemen beteiligt sind.

Beide verzichten darauf, den Partner für Unstimmigkeiten und Ärger anzuklagen. Vorwürfe verleiten jeden dazu, sich zu rechtfertigen. Die Rechtfertigung verstärkt den Kampf, verstärkt die Missstimmung und den Widerstand.

Auch das gilt: Wer mit ungebetenen Gedanken, mit lüsternen Wünschen und Versuchungen fertig werden will, darf sich nicht hinsetzen und sich vornehmen, nicht mehr daran zu denken. Je mehr wir uns das vornehmen und einzureden versuchen, umso mehr werden sich unsere Gedanken und Wünsche darauf konzentrieren. Eine psychiatrische Regel lautet: »Erhebst du ein Problem zum Problem, bekommst du ein Problem.«

Wer dagegen intensiv an seiner Beziehung arbeitet, wer sich mit allen Kräften *für* die Eheharmonie ins Zeug legt, der ist in erster Linie bei sich und dem Partner und nicht mit Versuchungen beschäftigt.

Ein weiterer Punkt für Ehebruch ist die mangelnde Anerkennung, die Mann und Frau vermissen. Beide Geschlechter können fremdgehen, wenn sie zu wenig bestätigt, ermutigt und bewundert werden. Männer fliehen zuerst in die Arbeit und dann in andere Beziehungen. Frauen lassen sich von Fremden bewundern und bestätigen und erliegen sexuellen Versuchungen.

Fragen an mich und an uns

Wie zufrieden oder unzufrieden bin ich in meiner Partnerschaft?

Wenn Eheprobleme vorhanden sind, wie oft schießen mir Gedanken an andere Männer oder Frauen durch den Kopf?

Lasse ich mir gern von anderen Männern oder Frauen Schmeicheleien oder Komplimente sagen?

Habe ich es aufgegeben, an den Problemen meiner Beziehung zu arbeiten?

Habe ich resigniert?

Fliehe ich in die Arbeit, weil ich von meiner Ehe enttäuscht bin?

Überbetone ich die Kindererziehung, weil ich meine Ehe vernachlässige?

Bin ich bereit, alles für meine Beziehung zu tun, um sich einschleichenden Konflikten vorzubeugen?

Mein Herr und mein Gott, ich entdecke in der Ehe, dass die Harmonie Risse bekommen hat. Glück und Zufriedenheit sind angeschlagen. Wir leben häufig aneinander vorbei. Ich suche meinen Partner nicht. Ich warte und tue nichts. Ich warte, dass der andere den ersten Schritt macht. Ich schäme mich, dass ich oft Vergleiche mit anderen Partnern/Partnerinnen anstelle. Ich spüre eine gewisse Unzufriedenheit und lasse doch alles schleifen. Herr, schenke mir nicht nur die Einsicht, dass ich etwas ändern will, sondern auch den Mut und die Kraft, tatkräftige Schritte zu unternehmen. Du bewahrst mich davor, bei anderen mein Glück zu suchen. Du hast es versprochen, dass du Wollen und Vollbringen schenkst, wenn wir uns auf den Weg machen.
Amen.

IMPULS 23

Wir vermeiden, Böses mit Bösem zu vergelten

»Vergeltet Böses nicht mit Bösem und gebt Beleidigungen nicht wieder zurück. Im Gegenteil, segnet eure Beleidiger, so gewiss Gott euch dazu berufen hat, in der kommenden Welt die Fülle seines Segens zu empfangen.«
1. PETRUS 3, 9

Was allgemein für Christen gilt, gilt im Besonderen auch für Eheleute. Leider ist es allzu menschlich, was unsere Sprichwörter formulieren: »Rache ist süß.« – »Wurst ist wieder Wurst.« – »Auf einen groben Klotz gehört ein grober Keil.« – »Das zahle ich dir heim.« – »Wie du mir, so ich dir.« – »Wer nicht hören will, muss fühlen.«

Wer dieser menschlichen Weisheit Gehör schenkt, untergräbt die partnerschaftliche Harmonie. Was geschieht? Die Eskalation von Gemeinheiten hat kein Ende. Rachegefühle, Wut und Zorn werden nicht verringert. Sie werden verstärkt. Vergeltungsgedanken haben ein zähes Leben.

Das Neue Testament lehrt uns das Gegenteil. Wir sollen nicht zurückschlagen, sondern segnen; wir sollen uns nicht rächen, sondern mit allen Menschen in Frieden leben; wir sollen nicht hassen, sondern Liebe üben. Wer diese Regel befolgt und ernst nimmt, wer auf Vergeltungsmaßnahmen verzichtet, fördert das Zusammenleben und verstärkt das eheliche Band.

Rache und Vergeltung ziehen sich wie ein roter Faden durch die Welt- und Kirchengeschichte. In der kleinsten Gemeinschaft, der Ehe, sind diese Verhaltenmuster Gift. Was steckt dahinter? Der Ehepartner fühlt sich nicht *gleichwertig*. Er fühlt sich *klein, hilflos, unterlegen, ausgenutzt* und *betrogen*. Wer sich aber klein, unterlegen, minderwertig und ausgenutzt *fühlt*, reagiert boshaft. Er will bestrafen, sich rächen, heimzahlen. Oder er geht den anderen Weg: Er *schluckt* die Angriffe, Kränkungen und Beleidigungen und schädigt sich selbst. Er will den unteren Weg gehen, torpediert aber die Partnerschaft mit seiner Unzufriedenheit und seiner inneren Aggression. Denn wer schluckt, ist nicht demütig, sondern feige. Er will die Eskalation vermeiden, rächt sich aber mit Ablehnung und Verweigerung. Die Verweigerung kann beinhalten: Er geht dem Partner aus dem Weg, verweigert sich sexuell, verweigert das Gespräch und den inneren Austausch.

Entscheidend ist, dass die Gefühle und Reaktionsmuster zur Sprache kommen, die versteckten Motive ausgeräumt werden und möglicherweise ein Fachberater die Interaktionsmuster aufdeckt und mit beiden Partnern Lösungsmöglichkeiten erarbeitet. Ärger, Wut, Bosheit, Hass- und Unzufriedenheitsgefühle, die nicht ausgeräumt werden, sind die Totengräber der Beziehung.

Fragen an mich und an uns

Kann ich sagen, dass Rachegefühle – in welcher Form auch immer – meinem ehelichen Verhalten fremd sind?

Wo spiele ich meinem Partner einen Streich? Wo reagiere ich offen oder versteckt mit Bosheit, Heimtücke und Vergeltungsgefühlen?

Wo lasse ich meinen Partner möglicherweise ins Unglück rennen, weil ich ihm eins auswischen will?

Fühle ich mich dem anderen unterlegen und suche nach Möglichkeiten, mich aufzuwerten?

Fühle ich mich ausgenutzt, ausgebeutet und benachteiligt?

Fühle ich mich unterdrückt und glaube, mich zu Recht wehren zu müssen?

Wie beschreibe ich meine Gefühle, die mit Vergeltung in jeder Form beschäftigt sind?

Kann es sein, dass ich sogar Krankheiten benutze, um meinen Partner zu zwingen, sich um mich zu kümmern?

Heiliger Herr und Gott, du schaust in mein Innerstes und entdeckst, dass ich immer wieder kleine oder große Rachegefühle schmiede, um dem anderen zu zeigen, dass er mich verletzt, beleidigt und vernachlässigt hat. Du zeigst mir, dass diese Gefühle die Harmonie zersetzen. Du zeigst mir, dass diese Muster zutiefst ungeistlich sind. Und ich erkenne in deiner Liebe, dass du uns nicht mit Strafen daraus befreien willst. Herr, hilf mir, dass ich nicht boshaft und rachsüchtig unsere Liebe aufs Spiel setze, ehrlich meinen Kummer zur Sprache bringe und liebevoll den Partner um Verständnis bitte. Nur in deiner Kraft kann ich segnen und lieben. Amen.

IMPULS 24

Wir vermeiden in der Ehe Perfektionismus

»Zuletzt kam der mit dem einen Zentner und sagte: ›Herr, ich wusste, dass du ein harter Mann bist. Du erntest, wo du nicht gesät hast, und sammelst ein, wo du nichts ausgeteilt hast. Deshalb hatte ich Angst und habe dein Geld vergraben. Hier hast du es zurück.«
MATTHÄUS 25, 24–25

In dem Gleichnis von den anvertrauten Pfunden kommt der dritte Mitarbeiter zurück. Es ist ein *Perfektionist*. Seine Angst besteht darin: Er will keine Fehler machen. Wer aber keine Fehler machen will, muss alle Aktivitäten bremsen. Er tut gut daran, seine Talente und Gaben zu vergraben. Perfektionismus ist eine Krankheit. Auch in der Ehe raubt er den Partnern den Frieden. Partner mit Perfektionismus wollen sich, den anderen und das Leben kontrollieren. Sie haben Angst vor dem Tod, Angst vor Versagen, Angst, sich vor anderen zu blamieren. Sie stellen sich, dem anderen und dem Leben ein Bein. Perfektionismus ist ein Krebsgeschwür im menschlichen Leben und eine Falle, die

Wohlbefinden und Zufriedenheit zerstört. Perfektionistische Partner sind ständig unzufrieden, weil die Vollkommenheit in der Ehe, in der Liebe, in der Kindererziehung, in der Küche, in der Organisation, im Gebet und in der »Stillen Zeit« fehlt. Perfektionismus untergräbt die Gesundheit, die Partnerschaft und belastet den christlichen Glauben.

Fehlerlosigkeit ist Sünde. Jesus ist für Sünder gestorben und nicht für die Fehlerlosen.

Die Liebe hält Perfektionismus nicht aus. Die Partnerschaftsdevise bei Perfektionismus heißt: Glück ist, wenn nichts mehr fehlt, alles staub- und keimfrei ist und beide Partner überarbeitet sind.

Otto Waalkes hat die perfekte Hausfrau auf die Schippe genommen. Übertrieben ahmt er sie nach. Sie schrubbt und saugt, poliert und desinfiziert. Und dann hört sie eine Stimme: »Es ist sauber, aber noch nicht rein!« Sie stürmt erneut mit Feuereifer an die Arbeit. Und wieder ertönt die Stimme im Hintergrund. Endlich versteht die Zwangsneurotikerin: Ihre Arbeit ist unnütz, solange sie selbst im Raum ist. Sie ist die Unsaubere, die die Reinheit hindert. Als sie die Küche verlässt, hört sie eine triumphierende Stimme: »Jetzt ist alles rein.«

Der amerikanische Theologe und Seelsorger David Seamands formuliert: »Perfektionismus ... Das Vollkommenheitsstreben ist eine Nachäffung der Glaubensvollkommenheit. Anstatt uns zu heiligen Menschen und ausgeglichenen Persönlichkeiten zu machen – das heißt zu ganzen Menschen in Christus –, macht das Vollkommenheitsstreben uns zu Pharisäern und Neurotikern.«

Perfektionisten leben unter einer Ich-sollte-Tyrannei. »Ich müsste eigentlich ...«, »Ich sollte unbedingt ...«, »Ich darf nicht ...« Zwang sitzt diesen Menschen im Nacken und treibt sie an. Perfektionisten sind *fehlerorientiert.* Ihre Ängste und

Befürchtungen bremsen ihre Leistungen. Viele denken und handeln intolerant, sie können nicht entspannen und neigen zum Nörgeln, besonders in der Partnerschaft. Die meisten denken zu selbstkritisch und verderben sich die Freude am Leben. Perfektionisten sind gnadenlos und bestrafen sich selbst.

Fragen an mich und an uns

Reagiere ich in der Partnerschaft leicht *über*genau, *über*gewissenhaft, *über*pünktlich und *über*ordentlich?
Nörgele ich schnell an meinem Partner herum?
Bin ich eher unzufrieden, weil meine Maßstäbe auf vielen Gebieten sehr hoch sind?
Will ich in der Ehe, im Privatleben und bei der Arbeit möglichst fehlerlos handeln?
Beschert mir der Perfektionismus auf vielen Gebieten eine Selbstüberforderung?
Kann es sein, dass ich auf einigen Gebieten Unordnung habe, weil mir die Zeit fehlt, alles sehr gründlich zu machen?
Bin ich ein Mensch, der dem Alles-oder-nichts-Prinzip huldigt?
Falle ich oft in depressive Stimmungen, weil ich enttäuscht bin?

Herr, ich rede mir oft ein, ich muss perfektionistisch denken und handeln, weil du ein äußerst gewissenhafter Gott bist. Ich bin oft unzufrieden, weil ich an mich, an die anderen, an Ehe und Liebe eine hohe Messlatte lege. Herr, ich reagiere oft depressiv, weil ich mir ständig Enttäuschungen einhandle. Hilf mir, ruhiger

und gelassener an alle Herausforderungen in Ehe und Partnerschaft heranzugehen. Schenk mir die Kraft, barmherziger mit mir umzugehen, weil du barmherzig mit uns umgehst. Ich lebe von deiner Befreiung, sie schenkt mir Vollkommenheit in dir, sie schenkt mir deinen Frieden.
Amen.

IMPULS 25

Wir wollen in der Liebe wachsen

»Und wenn ich prophetisch reden könnte und alle Geheimnisse wüsste und alle Erkenntnis hätte ... hätte aber die Liebe nicht, wäre ich nichts.«
1. KORINTHER 13, 2

Für Paulus ist die Liebe das höchste Charisma, eine Gabe des Heiligen Geistes. Für Paulus ist die Liebe der Schlüssel für alles Tun und Lassen. Ohne Liebe sind alle Gaben, Fähigkeiten und Begabungen »klingendes Erz und tönende Schelle«.

Lieben kann nur jemand, der die Liebe von Gott in Christus erfahren hat. Gott schenkt uns sein Herz, damit wir ein Herz für den anderen haben. Im Griechischen steht das Wort »agape«.

Gottesliebe darf nicht mit gefühlsmäßiger Liebe verwechselt werden. Sie hat etwas mit Sympathie zu tun. Die gefühlsmäßige Liebe wird mit »Eros« bezeichnet. Der Eros bleibt ichbezogen. Er will haben und genießen. Die Agape erfüllt sich im Verschenken bis hin zur Selbsthingabe. Deutlich wird:

Gute Ratschläge und Selbstappelle helfen nicht weiter.

Ermahnungen und Vorwürfe machen die Sache schlimmer.

Wer in der Liebe wachsen will, muss in der Liebe zu Christus wachsen.

Es scheitern darum so viele Ehen und Partnerschaften, weil die Liebe mit *Gefühlen* verwechselt wird, die wir im Blut haben, die die Liebe antreiben und fördern. Die wahre Liebe, die Paulus im 1. Korinther 13 beschreibt, die *agape,* ist in erster Linie eine Gesinnung, eine Willensentscheidung, die Gott schenkt: Ich will dich lieben, ich werde dich lieben, ich werde zu dir stehen, und zwar in guten und schlechten Zeiten.

Wenn die Liebe in unserer Partnerschaft wachsen soll, müssen unsere Gefühle, unsere Erotik und unsere Sexualität von der eben beschriebenen *agape* aufgefrischt, bereichert und durchdrungen werden. Denn Hingabe an den anderen, Fürsorge für den anderen, Zärtlichkeit im Miteinander, sexuelles Begehren und das gegenseitige Annehmen sind Einstellungsmuster, die immer wieder neu aufgefüllt werden müssen. Im Grunde sind und bleiben wir Analphabeten in Sachen Liebe. Egoismus und Selbstsucht schimmern durch alle Ritzen. Wenn wir das ganze Kapitel des 1. Korinther 13 lesen, geht uns auf: Wir sind nicht langmütig und immer freundlich. Wir regen uns auf und tragen nach. Wir sind eifersüchtig und berechnend, glauben und dulden längst nicht alles und sind auf Gottes Liebe angewiesen.

Leider ist das Wort »Liebe« unter die Räder gekommen. Tausend Missverständnisse kennzeichnen es. Bei uns ist alles Liebe: Liebe zu Bratkartoffeln, Liebe zum Kaninchen, Liebe zum Extremsport, Liebe zu Drogen, Liebe zur Prostituierten und Liebe zu Gott. Ein hirnrissiges Durcheinander … und so sehen unsere Liebesverhältnisse und Partnerschaften dann auch aus.

Liebe will nicht haben, Liebe will beglücken.
Liebe respektiert die Bedürfnisse des Gegenübers.
Liebe will bereichern und nicht in erster Linie bereichert werden.

Wer diese Kerngedanken bejaht, wer sie anstrebt und ins Gebet nimmt, wird in der Liebe wachsen.

Fragen an mich und an uns

Glaube ich auch, dass Liebe in erster Linie ein Gefühl ist, das zwischen den Partnern stimmen muss?
Ist für mich die körperliche Anziehung der Hauptpunkt meiner Liebe?
Wenn ich meine Liebe selbstkritisch betrachte, welche Einstellungsmuster halte ich für bedenklich?
Habe ich auch das Gefühl, dass ich mehr gebe und weniger bekomme?
Vermutlich erwarte ich mehr sexuelle Aktivität. Was schenke ich dem Partner, dass er hingabefähiger wird?
Wenn ich den 1. Korinther 13 lese, welche Punkte machen mir am meisten zu schaffen?
Wie weit wird meine Liebe von Wohlwollen, Fürsorge und Hingabe bestimmt?

Herr, ich danke dir, dass du die vollendete Liebe bist.
Du bist für uns ans Kreuz gegangen, hast für uns gelitten und geblutet. Diese Liebe ist menschlich unbegreiflich.
Diese Liebe ist Vorbild für unsere partnerschaftliche Liebe.
Herr, vergib uns, dass unsere Liebe lückenhaft ist und

weit hinter den Erwartungen zurückbleibt. Hilf, dass wir die Prioritäten wahrer Liebe erkennen, dass wir im Angesicht der Probleme nicht resignieren, dass wir bestimmte Mängel in Arbeit und ins Gebet nehmen, dass wir uns vor allem auf deinen Beistand und deine Unterstützung konzentrieren. Du forderst uns auf: »Die Liebe soll euer höchstes Ziel sein. Strebt nach den Gaben, die der Geist Gottes gibt« (1. Korinther 14,1). Ich danke dir, dass ich mit deinem Geist und deiner Unterstützung rechnen darf.
Amen.

IMPULS 26

Wir bauen Selbstbestrafungs-tendenzen ab

»Denn darin sind die Menschen gleich:
Alle sind Sünder und haben nichts aufzuweisen, was Gott gefallen könnte. Aber was sich keiner verdienen kann, schenkt Gott in seiner Güte: Er nimmt uns an, weil Jesus Christus uns erlöst hat.«
RÖMER 3, 22–24

Wie kommt es, dass viele Menschen nicht Ja zu sich sagen können, viele Partner sich abqualifizieren und unnötig unter sich leiden? Warum empfinden viele Eheleute unangemessene Schuldgefühle, zerfleischen sich unangebracht und machen sich mehr Vorwürfe als nötig? Selbstverständlich leiden nicht alle Eheleute unter dieser Selbstbestrafung. Aber nicht wenige Christen glauben: Weil sie vor Gott schlecht sind, müssen sie sich auch schlecht machen. Viele von ihnen denken pessimistisch und lassen kein gutes Haar an sich. Sie hören nur den ersten Satz des Textes: »Alle sind Sünder und haben nichts aufzuweisen.« Sie wollen moralisch vollkommen sein und überheben sich – ungewollt – über die Mitchristen oder über den Partner. Jede Selbstbejahung bezeichnen sie als Selbstanmaßung.

Die Folge: Sie leiden an sich, sie leiden am Leben, sie leiden an der Ehe. Und dem Teufel ist es wieder gelungen, einen Christen unglücklich zu machen. Die Liebe Gottes müssen wir uns nicht verdienen. Er liebt uns – ohne Ansehen der Person, weil Christus uns erlöst hat. Diese Zusage verbietet es, dass wir uns schlechtmachen und noch zusätzlich selbst bestrafen. Selbstbestrafung ist Selbsterlösung mit untauglichen Mitteln.

Wie kann sich eine Selbstabwertung und Selbstbestrafung im Leben entwickeln? Eine Möglichkeit: Das Kind hatte Eltern, die ständig an dem Kind herumkritisierten, es ermahnten, es bestraften und frustrierten. Vielleicht war das Kind unter den Geschwistern ein »schwarzes Schaf«. Das schwarze Schaf war der Buhmann, der Böse, der Schuldige, der Verursacher von Dummheiten. Diese Menschen verinnerlichen: Du bist böse, du bist nichts wert, du stehst im Weg, du bist eine Strafe. Du kannst dich nur selbst abwerten. Du solltest dich selbst bestrafen. Du hast es verdient. Diese Menschen hören die Botschaft der Erlösung mit anderen Ohren. Sie haben es nicht verdient. Sie müssen ein Leben lang leiden. Überkritische und pessimistische Eltern, aber auch depressive Eltern, die das Negative hervorheben, die fehlerorientiert und abwertend sind, können spätere Erwachsene in diese Selbstbestrafung hineinmanövrieren.

Kein Zweifel: Wenn ein Ehepartner mit diesem Makel versehen ist, macht er sich und dem anderen das Leben zur Hölle. Hier hilft die Einsicht, dass ich mir das Leben selbst zur Hölle mache, und die Einsicht, dass beide Partner eine gründliche Seelsorge oder Therapie benötigen. Es hilft die Einübung, in kleinen Schritten Selbstannahme und Selbstbejahung zu praktizieren, und das wiederholte Gebet, dass ich Gottes geliebtes Kind bin. Jeder Schritt, der hilft, Selbstwertung und Selbstbestrafung abzubauen, stärkt die Ehebeziehung, vergrößert die Harmonie und macht die Partner glücklicher.

Fragen an mich und an uns

Neigt einer von uns dazu, sich abzuwerten, sich nicht zu bejahen und Selbstbestrafungstendenzen an den Tag zu legen?
Wie wirkt sich in unserer Paarbeziehung die Selbstabwertung aus?
Was habe ich bisher unternommen, um der Selbstabwertung und der Selbstbestrafung entgegenzuwirken?
Glaube ich daran, dass eine Therapie oder gründliche Seelsorge mir helfen kann?
Warum vertraue ich einer solchen Lösung nicht?
Was können wir tun, um die Selbstbejahung zu verstärken?
Was können wir tun, um die Selbstverneinung zu verringern?

Wenn Sie resignieren, reden Sie der Selbstbestrafung das Wort!

Herr, ich erkenne meine mangelnde Selbstannahme, meine unnötige Selbstkritik und mein schwaches Selbstbewusstsein. Ich will meinen Eltern keinen Vorwurf machen. Sie haben es nicht besser gewusst. Ich danke dir für die Zusage, dass ich nicht so bleiben muss. Ich danke dir, dass du mich nicht aufgibst. Leider überfallen mich immer wieder Gedanken der Selbstaufgabe und der Resignation. Dass du mich lieb hast, kann ich hören, aber es hat mich noch nicht völlig verändert.

Schenk mir die Gewissheit, dass du mir durch Seelsorger oder Berater helfen wirst. Mach mich stark, Wege der Hilfe aufzusuchen. Fördere mein Vertrauen, dass ich meinem Partner glaube und nicht ständig unser Glück zerrede. Halt du mich fest, wenn mein Selbstwert ins Bodenlose versinkt.
Amen.

IMPULS 27

Wir ordnen uns einander unter

»Ordnet euch einander unter;
so ehrt ihr Christus!«
EPHESER 5, 21

Das ist der Schlüsselsatz für eheliches Handeln. Das Wort »Unterordnung« weckt bei jungen und älteren Menschen unangenehme Assoziationen. Sie fühlen sich an Diktatur und Unterjochung erinnert. Der Untertan ist eine Karikatur im Zusammenleben geworden.

Der Untertan buckelt, der Untertan dienert. Früher formulierte man: »Ich bitte untertänigst um Gehör.« Die biblische Unterordnung meint:

Es geht nicht um Herrschen, es geht um Dienen.
Es geht nicht um Macht, es geht um Hingabe.
Es geht nicht um egoistische Ansprüche, sondern um die Bedürfnisse des anderen.

Gegenseitige Unterordnung beinhaltet Nächstenliebe. Sie wird von beiden praktiziert. Unterordnung bedeutet keine Unterwerfung. Lawrence J. Crabb schreibt: »Gottes Befehl an Männer und Frauen lautet, sich einander unterzuordnen, das heißt, die Bedürfnisse des anderen an die erste Stelle zu setzen. Meine Aufgabe ist es, mich um die tiefsten Bedürfnisse meiner Frau zu sorgen, damit sie erleben kann, was es bedeutet, geliebt und geachtet zu sein.«

Indem ich meine Bedürfnisse den berechtigten Wünschen des Partners nach Sicherheit und Bedeutung unterordne, praktiziere ich eine Selbstliebe, die biblischen Maßstäben entspricht. Dr. Cochlovius, ein evangelikaler Theologe, schreibt: »Gott ist nach 1. Kor. 11,3 das Haupt Christi. Gibt es irgendeinen Anhaltspunkt in der Bibel, der uns berechtigen würde, das Hauptsein Gottes im Sinne einer Kommandozentrale zu interpretieren? Ganz eindeutig: Nein!«

Der ehemalige Direktor der Bibelschule Tabor in Marburg, Herr Hoppe, formulierte: »Wenn Paulus für Männer vorsieht, sie sollen ihre Frauen lieben, wie Christus die Gemeinde geliebt hat bis ans Kreuz, dann will ich lieber eine Frau sein.«

Auch die Fußwaschung am Ende des Lebens Jesu war eine einzige Demonstration für Männer, wie sie leben und lieben sollen: Nicht Köpfe waschen, sondern Füße waschen, nicht herrschen, sondern dienen, nicht Macht ausüben, sondern Fürsorge praktizieren. Wenn Mann und Frau diesen Grundsatz beherzigen, dann haben Rechthaberei, Machtstreben, Unterdrückung, Ausnützung und Ausbeutung ein Ende.

Manche Frauen haben eine *masochistische* Lebensführung entwickelt. Masochismus ist die Neigung, sich von dreisten Egoisten ausnutzen zu lassen. Sie gehen ständig den unteren Weg und leiden. Sie können nicht Nein sagen und werden ausgenutzt. Viele reagieren mit psychosomatischen Störungen, der Körper schreit, weil die Seele schweigt. Sie verwechseln Liebe mit Unterwürfigkeit, Liebe mit Durchsetzungsschwäche, Liebe mit Entschlussunfähigkeit.

Mann und Frau sind gleichrangige und gleichwertige Geschöpfe Gottes. Mann und Frau sind eine Einheit. Das von Luther übersetzte Wort »Gehilfin« heißt eigentlich »Vervollständigung« oder das »Seitenstück, das dem Manne fehlt«. Im Talmud, im Sammelwerk jüdischer Auslegung, wird dieser Tatbestand so ausgedrückt: »Gott hat die Frau nicht aus dem Kopf des Mannes geschaffen, dass er ihr befehle, noch aus den Füßen, dass sie seine Sklavin sei, vielmehr aus seiner Seite, dass sie seinem Herzen nahe sei!«

Wenn Paulus in den folgenden Versen des oben genannten Textes formuliert, dass die Frau dem Mann untertan sein soll, kann es niemals um das Patriarchat des Mannes gehen. Der Vers 21 widerspricht dem.

Fragen an mich und an uns

Gibt es in unserer Ehe einen Partner, der recht haben will, der sich durchsetzen und über den anderen bestimmen will?

Gibt es in unserer Partnerschaft jemanden, der sich ängstlich unterordnet, der lieber schweigt und leidet?

Haben Unterordnung und falsch verstandene Demut dazu geführt, dass sich einer von Ihnen mit psychosomatischen Störungen oder Krankheiten herumschlägt?

Wollen Sie als Mann aus den Formulierungen des Paulus Ihren Führungsanspruch ableiten?

Zweifeln wir in unserer Partnerschaft daran, dass Gott die völlige Gleichberechtigung und Gleichwertigkeit gewollt hat?

Welche Konflikte ergeben sich aus unserem Zusammenleben, wenn die gegenseitige Unterordnung nicht klappt?
Können wir überzeugend sagen, dass jeder die Wünsche und Bedürfnisse des anderen achtet und respektiert?

Herr, du sagst uns, dass die gegenseitige Unterordnung der Schlüssel zum Zusammenleben in der Ehe ist.
Herr, wir ecken immer wieder an, weil ich oft Ansprüche und Wünsche des anderen nicht anerkennen will, weil ich Bitten wie Forderungen erlebe. Ich fühle mich unterdrückt, ich fühle mich ausgenutzt, ich fühle mich erpresst, ich fühle mich überredet. Ich schweige und leide, ich schweige und reagiere widerwillig, ich schweige und rede mit meinem Körper. Gib mir die Kraft, das Problem liebevoll anzusprechen, um eine wirkliche Gleichwertigkeit in den Beziehungen zu erreichen. Herr, ich brauche deinen Beistand, um ehrlich und nicht aggressiv meine Wünsche offenlegen zu können. Herr, ich brauche deinen Beistand, um dein gutes Gebot leben zu können. Amen.

IMPULS 28

Wir gehen Beziehungskillern aus dem Weg

»Es heißt auch: ›Auge um Auge, Zahn um Zahn!‹ Ich sage euch aber: Leistet keine Gegenwehr, wenn man euch Böses antut. Wenn jemand dir eine Ohrfeige gibt, dann halte die andere Wange auch noch hin.«
MATTHÄUS 5, 38–39

Über Rache, Vergeltung und Heimzahlen haben wir schon gesprochen. Heute geht es mir um *Beziehungskiller.* Jesus stellt alle Aggressions- und Verteidigungsmechanismen infrage. Diese Forderung gilt auch für die Paarbeziehung. Wir sollen den Gegner, den Feind, lieben. In Ehe und Partnerschaft wird immer wieder ein Feindbild aufgebaut. Beziehungskiller sind feindselige Reaktionsmuster. Sie zerstören die Gemeinschaft, untergraben die Harmonie und bringen die Partner gegeneinander auf. Dazu gehören:

Eifersucht und Neid,
Zorn, Wut und Bitterkeit,
Angst und Misstrauen,
Verantwortungslosigkeit,
Sprachlosigkeit.

Die Bibel berichtet uns, sofort nach der Vertreibung aus dem Paradies, wie sich Eifersucht auswirkt. Kain schlägt seinen Bruder tot. Wer die Zeitung aufschlägt, erlebt auf allen Seiten Eifersuchts- und Mordprobleme. Auch Angst und Misstrauen sind Totengräber der Beziehung. Dazu gehören auch Sprachlosigkeit und Verantwortungslosigkeit. Wer den anderen in Gesprächen aushungert und wer die Verantwortung ablehnt, zerstört das Zusammenleben. Was können Sie tun? Die Beziehungskiller klar benennen, mit Gottes Hilfe und mit einem Fachberater die versteckten Motive aufdecken und Lösungen erbitten und erarbeiten.

Beziehungskiller sind erkannte und unerkannte, bewusste und unbewusste, gewollte und ungewollte, negative und destruktive Einstellungen. Wir erkennen ihre versteckten Motive nicht. Viele Muster haben wir schon mit der Muttermilch eingesogen. Niemand muss einen Fachberater aufsuchen. Eine Hilfe ist es: Vier Wochen lang im Gebet Gott zu bitten, er möge Ihnen verdeutlichen, was Sie mit einem Beziehungskiller gegen den Partner ausrichten, wozu Sie ihn verwenden. Was haben Sie von klein auf für Beziehungskiller eintrainiert?

Ich versetze mich in den anderen hinein: Was stört ihn? Was verletzt ihn? Was macht ihn wütend? Ich bitte den Partner, mir bei der Suche der versteckten Motive zu helfen. Vermeiden Sie Vorwürfe und Anklagen!

Beziehungskiller können auf heftigen Widerstand beim Partner stoßen, wenn dieser auf eine Störung besonders allergisch reagiert. Wurde er beispielsweise schon in der Kindheit misstrauisch beobachtet und ihm wurden alle Schandtaten unterstellt, ist Misstrauen des Partners für ihn eine schwere Kränkung. Oder trifft der Austauschbedürftige, der von Vater oder Mutter kommunikativ vernachlässigt wurde, auf einen sprachlosen Partner, sind seine negativen Reaktionen besonders scharf und verletzend. Es ist sehr wichtig, sich diese tief verwurzelten Umgangs- und Empfindungsmuster klarzumachen. Sie helfen dem Partner, die negativen Reaktionen zu verstehen und mit mehr Verständnis zu antworten.

Fragen an mich und an uns

Welche Störung von den genannten Beziehungskillern belastet mich am stärksten?
Was habe ich bisher getan, um die Störung abzubauen? Sind meine Verhaltensmuster positiv oder eher negativ?
Welches Muster hat mit besonderen Erfahrungen in der Kindheit zu tun?
Benutze ich Erfahrungen aus der Kindheit als Ausrede?
Will ich an den Beziehungskillern arbeiten oder spiele ich mit Trennung oder Scheidung?
Oder habe ich resigniert und lasse mutlos alles laufen?
Habe ich die Hauptmotive der Beziehungskiller erkannt?
Was hält mich ab, an dem leichtesten, nicht an dem schwersten Einstellungsmuster zu arbeiten?

Herr, ich entdecke in unserer Partnerschaft eine Reihe Beziehungsstörungen. Noch sind es keine Killer, die alles kaputt machen. Hilf mir, dass ich nicht resignativ darüber weggehe und die Harmonie auf Dauer infrage stelle. Hilf mir, dass ich nicht dem Partner die Schuld dafür in die Schuhe schiebe und meinen Anteil nicht sehen will. Gib mir den Mut, liebevoll die Störung beim Namen zu nennen, in Ruhe das Problem zu klären und die Hauptmotive ins Gebet und in Arbeit zu nehmen. Ich brauche deinen Beistand, um den Partner nicht zu bestrafen, zu ignorieren oder links liegen zu lassen. Ich brauche deine Unterstützung, zu beginnen, weil selbst die Beziehung zu dir, Herr, unter der mangelnden Harmonie leidet. Amen.

IMPULS 29

Wir bauen Abhängigkeit in der Partnerschaft ab

»Lasst euch vielmehr im Innersten von Gott umwandeln. Lasst euch eine neue Gesinnung schenken. Dann könnt ihr erkennen, was Gott von euch will. Ihr wisst dann, was gut und vollkommen ist und was Gott gefällt.«
RÖMER 12,2

Beziehungsabhängigkeit in Ehe und Partnerschaft ist eine Fehlform der Liebe. Destruktive Abhängigkeit ist Missbrauch der Liebe. Einer klebt am anderen, einer unterdrückt den anderen, lässt sich vom anderen bedienen. Keine Nächstenliebe, keine Partnerschaft, keine Gemeinschaft. Geben und nehmen, schenken und beschenkt werden, beglücken und beglückt werden sind nicht ausgewogen. Ein Partner wird erpresst, ausgenützt und betrogen.

Der ehemalige jüdische Philosoph und Theologe Martin Buber konnte das Wort sagen: »Die große Schuld des Menschen sind nicht seine Sünden, die er begeht – die Versuchung ist mächtig und seine Kraft gering –, die große Schuld des Menschen ist, dass er in jedem Augenblick die Umkehr tun kann und nicht tut.«

Im Griechischen steht das Wort *morpho* = Veränderung. Davon ist das Wort Metamorphose abgeleitet. Eine Raupe verwandelt sich in den Schmetterling, der zum Himmel aufsteigt. Die Wandlung ist kein eigenmächtiges Geschäft. Der Mensch, in dessen Leben Jesus Christus eingezogen ist, wird ein neuer Mensch. Gott ist der Umwandler, Gott ist der Veränderer. Er ist der Handelnde. Die Gesinnungsänderung ist ein Geschenk.

Der erste Schritt zur Veränderung liegt darin zu erkennen: Wo leben wir beide in destruktiver Abhängigkeit, wo haben wir das Gesetz Christi, dass einer des anderen Last trägt, verraten? Wo beutet einer den anderen aus? Wo unterdrückt einer den anderen?

Die Begriffe »Abhängigkeit«, »Beziehungsabhängigkeit« und »Beziehungssucht« wurden ursprünglich für Alkoholiker und deren Partner verwendet. Man sprach auch von »Co-Abhängigkeit« oder »Co-Dependency«. Erst Ende der Siebzigerjahre des vorigen Jahrhunderts wurde der Begriff auf alle Betroffenen mit Abhängigkeiten angewendet.

In vielen Ehen gibt es Beziehungsabhängigkeit. Die Liebe wird zur Fehlform, die Liebe wird verraten und missbraucht. Eine reine, völlig unabhängige Liebe gibt es nicht. Seit dem Sündenfall ist unsere Liebe von ich-haften Wünschen durchsetzt. Aber in Jesus Christus ist die reine Liebe über diese Erde gegangen. In ihm kann unsere Liebe gereinigt werden. Wie sieht die destruktive Abhängigkeit aus?

Die Partner machen sich das Leben zur Hölle, weil einer den anderen unterdrückt, für ihn entscheidet, ihn entmündigt, ihn ausbeutet.

Einer wird als Opfer, als Baby missbraucht.

Einer ist immer der Gebende, der andere nur der Nehmende.
Aus der Hingabe wird Hörigkeit, aus der Zuwendung wird Zwang.
Aus falsch verstandener Liebe wird ein Nicht-Nein-sagenkönnen.
In der Liebe zu kurz Gekommene handeln unrealistisch, entwickeln große Ängste, verlassen zu werden, erwarten zu viel am anderen.
Partner opfern sich auf, um geliebt zu werden.

Die Liebe wird missverstanden, wird missbraucht, wird pervertiert. Wer etwas ändern will, muss seine falschen Muster durchschaut haben und muss sie in Arbeit und ins Gebet nehmen.

Fragen zur Selbstprüfung:

Halten Sie geben und nehmen, schenken und beschenkt werden in Ihrer Partnerschaft einigermaßen für ausgewogen?
Opfern Sie sich mehr als andere für Ihren Partner auf? Ist er krank, ist es verständlich.
Ordnen Sie sich zu sehr unter? Bestimmt der andere über Ihr Leben?
Haben Sie Ihre Selbstständigkeit in der Ehe aufgegeben?
Fühlen Sie sich in Ihrer Partnerschaft ausgenutzt?
Fühlen Sie sich erpresst, verraten oder betrogen?
Bleiben Sie, weil Sie das Verlassenwerden vermeiden wollen?
Haben Sie Rettung und Hilfe aufgegeben und leiden still vor sich hin?

»Herr, ich stelle einige destruktive Abhängigkeiten in unserer Ehe fest. Ich leide darunter. Ich bin auch unzufrieden. Herr, bisher habe ich erwartet, dass du alles veränderst. Ich habe nichts getan und unternommen. Mir wird deutlich, dass ich mich bemühen muss, dass ich meine Fehler und Schwächen beim Namen nennen muss. Mit deiner Hilfe muss ich an meinen Fehlern arbeiten, mit meinem Partner und vielleicht einem Seelsorger gemeinsam über unsere Motive und Ursachen nachdenken. Dann können wir aus dir und mit dir eine Gesinnungsänderung in unserer Beziehung erlangen. Die Verheißung hast du uns gegeben.

IMPULS 30

Wir bewältigen Krisen in der Lebensmitte

»Wer sich an sein Leben klammert, der wird es verlieren. Wer aber sein Leben für mich einsetzt, der wird es für immer gewinnen.«
MATTHÄUS 16, 25

In der Lebensmitte, wenn Frauen und Männer um die vierzig werden, auf der Schwelle in die zweite Lebenshälfte, werden viele Paare unerwartet ins Nachdenken gestoßen. Bei Frauen kann die Lebensmitte schon mit 35 Jahren beginnen. Bis dahin fühlten sie sich optimistisch und ungebrochen kraftvoll. Sie freuen sich am Leben und plötzlich brechen Fragen auf. In die euphorische Stimmung mischen sich melancholische Töne. Der Blick über die Grenze zur zweiten Lebenshälfte wird getrübt. Auf allen Gebieten begegnen ihnen Defizite. Was verdüstert die Perspektive:

»Ist das der Sinn des Lebens? Tagaus, tagein Arbeit, Stress und Hektik?«
»Soll das alles gewesen sein? Heirat, Kinder, Haus gebaut?«

Ist der Beginn der Lebensmitte ein Albtraum, vor dem man gern die Augen verschließen möchte?

Ist der »süße Vogel Jugend« verflogen? Meldet das Alter seine ersten Ansprüche an?

Wer sich an das Leben klammert, an die ewige Jugend, an unzerstörbare Frische und jugendliche Haut, der gerät ins Grübeln, ins Zweifeln und wird von pessimistischen Gedanken heimgesucht. Wer vom diesseitigen Leben alles erwartet, wer höchstes Glück und ein knitterfreies Image erhofft, wer meint, es ginge immer nur bergauf, der spürt plötzlich, dass er einem Lebensirrtum aufgesessen ist. Die Krise in der Lebensmitte ist ein ernst zu nehmender Aufruf Gottes, eine gründliche Lebensbilanz zu praktizieren.

Viele Partner erleben in der Lebensmitte, um die vierzig, eine Lebenskrise. Diese Krisen verlaufen bei allen Betroffenen unterschiedlich. Krisen beinhalten, im Sinne des Dudens: eine Wende, einen Höhepunkt, Schwierigkeiten, Klemme. Die Krise spiegelt eine Entscheidungssituation wider. Die Sturm- und Drangperiode des Lebens wird gebremst. Bisher lief vieles leicht und komplikationslos. Es ging rasant bergauf. Alle Hürden wurden relativ locker genommen. Auf einmal wird die Euphorie abgeblockt. Die Partner, oder einer von ihnen, geraten ins Fragen, ins Zweifeln, ins Grübeln.

Die Leichtlebigen verdrängen die Fragen und Probleme stärker, andere fliehen in die Arbeit und überspielen ihre Probleme, bis Nervenzusammenbrüche, Herzinfarkte und das Ausgebranntsein den Menschen heimsuchen. Ein weiterer Teil stockt, die Energien lösen sich in Kraftlosigkeit auf. Wieder andere rennen gegen das Alter an, Anti-Aging-Programme und -Produkte müssen her. Fitnesstraining wird angemeldet. Andere joggen und laufen um ihr Leben. Der Kampf gegen das Alter oder das Älterwerden wird aufgenommen. Frauen brechen aus der Ehe aus, lassen

Mann und Kinder im Stich. Sie stürzen sich noch einmal in ein pralles Leben. Männern geht es ähnlich. Eine wesentlich jüngere Partnerin muss her, um das Älterwerden zu verdrängen. Ein neuer Haarschnitt und ein neues Outfit sind häufig in dieser Zeit ein sicheres Indiz, dass Altes infrage gestellt wird. Wieder andere stellen ihr Leben, ihre Existenz und ihre Lebensträume infrage. Das Lebensschiff gerät ins Schlingern. Frauen stellen sich ehrlicher in der Beratung diesen Problemen. Männer überspielen und wollen die Probleme nicht sehen, bis der Körper schreit und seinen Widerspruch anmeldet. Es lohnt sich immer, mit Fach- oder Lebensberatern und mit Seelsorgern solche Lebenskrisen unter die Lupe zu nehmen. Es ist grundfalsch, in den Tag hineinzuleben.

Fragen an mich und an uns

Gibt es Fragen, Zweifel oder Ängste, die mich in der Lebensphase um vierzig – bei Männern bis fünfzig – umtreiben?

Stelle ich mich infrage, den Sinn meines Lebens, die Zukunft oder meine Lebensträume?

Welche Anlässe haben mich zum Nachdenken angeregt? Sind es Krankheiten, psychosomatische Störungen, Falten und Probleme des Älterwerdens?

Überdenke ich mein Leben vor dem lebendigen Gott neu?

Neige ich dazu, mit neuem Haarschnitt, neuem Outfit, mit mehr Fitnesstraining und mit Anti-Aging den eigentlichen Fragen auszuweichen?

Habe ich den Mut, vor dem lebendigen Gott mein Leben und meine Lebensziele neu zu ordnen?

Bin ich bereit, meinen Arbeitseifer, meine Arbeitssucht und mein Überengagement vor Gott auf die wirklichen Motive im Hintergrund zu überprüfen?

Mein Herr und Gott, ich bin in der Tat seit einiger Zeit ins Fragen und Grübeln gekommen, ob Ehe, Beruf, Kinder und meine ungeprüfte Lebensplanung so in Ordnung sind? Bisher habe ich ungestüm drauflosgelebt. Leistung, Geld und Karriere waren tonangebend. Der Glaube an dich lief am Rande mit. Herr, du hast in mir die Fragen ausgelöst. Du hast Fragen und Zweifel geschickt. Herr, hilf mir, dass ich die Probleme nicht verdränge, nicht überspiele, nicht durch Überengagement beiseiteschiebe.
Steh mir bei, dass ich mir nichts vormache und die Fragen als herbeigeredet abtue. Ich möchte mich deiner Führung und Planung im Leben anvertrauen.
Ich möchte ein Leben in dir gewinnen.
Amen.

IMPULS 31

Wir wollen weniger egoistisch sein

»Stattdessen gehen sie alle ihren eigenen Geschäften nach. Jeder will nur möglichst viel Gewinn machen.«
JESAJA 56, 11B

Egoismus und Selbstsucht spielen im Leben der Menschen und in der Partnerschaft eine große Rolle. Das Ich wird überall großgeschrieben. Worte wie Ich-Sucht und Ich-AG machen es deutlich. Schon vor einigen Tausend Jahren hat der Prophet Jesaja den Finger in die Wunde gelegt. Jeder sieht nur auf seinen Weg. Jeder verfolgt egoistische Interessen. Jeder will Gewinn machen. Der Chefredakteur von »Aufatmen« und »Family« antwortete auf die Frage nach dem gefährlichsten Trend in unserer Zeit: »Allgemein: Die Sucht nach Spaß und Lust für mich selbst und die ungebremste Herrschaft von Geld und Gewinn. Unter Christen: Das Beschäftigtsein mit sich selbst und die richtende, abgrenzende Kritik untereinander, die längst Maßstäbe und Liebe verloren hat.«

Egoismus heißt: Der andere soll sich meinen Vorstellungen

beugen, nach meiner Pfeife tanzen, sich meinen Wünschen unterordnen und sein Eigenleben aufgeben.

Wer seine Meinungen durchpeitscht, nicht nachgeben und Kompromisse schließen kann, spielt sich zum Tyrannen auf. Wer seinen Partner ummodeln will, wer ihn anders haben möchte und an ihm herumerzieht, liebt ihn nicht. Partnerschaft lebt von Fürsorge, von Aufmerksamkeit für den anderen, von Wohltun, vom Hören auf die Bedürfnisse und Wünsche des anderen. Partnerschaft lebt vom Wir, vom Du und nicht vom Ich. Egoismus ist auch ein Beziehungskiller, der Zweisamkeit, Harmonie und gemeinsames Glück zerstört.

Egoismus in der Ehe, der das eigene Ich mehr achtet als das Wir, ist partnerschaftsfeindlich. In Amerika wurden 3000 Teenager in einer nationalen Umfrage nach den größten Übeln unserer Zeit und Welt befragt. Auf der Liste von 15 Missständen sollten sie die fünf problematischschsten auswählen. Das Ergebnis der Zahlen: 56 % entschieden sich für Egoismus. Die Menschen kümmerten sich nicht um die Rechte anderer.

Die krankhafte Störung von Egoismus nennen wir »Narzissmus«, abgeleitet von dem griechischen Jüngling Narziss, der in sein Bild verliebt war. Es geht also um die krankhafte Zuwendung zum eigenen Ich und die Abwendung vom Nächsten. Die Narzissten sind unfähig, wirklich einen anderen Menschen zu lieben.

Sie kennzeichnet ein stetiges Bedürfnis nach Bewunderung.
Sie nehmen sich übertrieben wichtig.
Sie erscheinen prahlerisch und großspurig.
Sie überschätzen ihre eigenen Leistungen.
Sie fantasieren sich in Macht, Erfolg und Ansehen hinein.
Sie glauben, einzigartig zu sein.
Sie wollen nur wie außergewöhnliche Menschen behandelt werden.

Diese Menschen haben einen Mangel an Einfühlungsvermögen. Diese Eigenschaft ist für eine Partnerschaft unerlässlich. Sie zeigen eine emotionale Kälte und einen Mangel an Interesse für den anderen. Anzeichen der Wertlosigkeit werden mit Angeberei und Hochmut ausgeglichen. Sie kennzeichnet eine gewisse Beziehungsunfähigkeit. Wenn Partnerschaften nicht zerbrechen sollen, müssen diese Störungen in Seelsorge, Beratung oder Therapie behandelt werden. Leider werden in unserer Gesellschaft Egoismus und Ichsucht viel zu hoch bewertet. Eigensucht und Eigenwille sind lieblose Verhaltensmuster.

Fragen an mich und an uns

Wie oft beschwert sich mein Partner, dass ich egoistisch oder selbstsüchtig gehandelt habe?

Habe ich auch den Eindruck, dass ich mehr geben, mehr nachgeben und mehr Zugeständnisse machen muss?

Fehlt mir das Empfinden für die Bedürfnisse und Wünsche meines Partners?

Habe ich schon oft den Vorwurf gehört, dass mir in erster Linie an mir, meinem Beruf, meinem Weg und meinen Interessen gelegen ist?

Wie gehe ich mit dem Vorwurf um, dass ich egoistisch oder narzisstisch bin?

Glauben wir, dass wir in unserer Ehe Egoismus und Ichsucht verringern müssen?

Was kann ich konkret tun, um meinem Partner zu zeigen, dass er mit seinen Vorwürfen übertreibt?

Herr Jesus, ich spüre, dass der Egoismus in meiner Partnerbeziehung zu Hause ist. Meine Wünsche, meine Bedürfnisse und meine Ansprüche spielen eine große Rolle. Manchmal kämpfe ich sogar um die Durchsetzung. Ich bin an manchem Streit beteiligt, wo es um egoistische Ziele geht. Herr, ich möchte hellhöriger werden für Wünsche und Erwartungen meines Partners. Hilf mir, für seine Sorgen, seine Probleme und seine Kümmernisse eine stärkere Antenne zu haben. Herr, ich kann es bezeugen, wenn ich es getan habe, verstanden wir uns besser, und ich war zufriedener. Herr, ich möchte an deinem Vorbild lernen, was wirkliche Liebe ist.
Herr, ich danke dir, dass du eine so große Geduld mit mir und uns hast.
Amen.

IMPULS 32

Wir verbessern unsere Beziehung durch gute Gewohnheiten und Rituale

»Bring einem Kind am Anfang seines Lebens gute Gewohnheiten bei, es wird sie auch im Alter nicht vergessen.«
SPRÜCHE 22, 6

Es geht um gute Gewohnheiten und Rituale in der Partnerschaft. Gute Gewohnheiten sind:

Wir legen uns nicht schlafen, bevor wir Streit, Bitterkeit und Wut, die aufgebrochen sind, geklärt haben.

Wir beten vor jedem Essen, wir beten gemeinsam, bevor wir uns schlafen legen.

Wir halten jeden Tag zu einer bestimmten Stunde unsere »stille Zeit«.

Wir segnen unsere Kinder jeden Tag, bevor sie zur Schule gehen.

Jeder kennt andere und hilfreiche Gewohnheiten. Aber es gibt auch schlechte Gewohnheiten. Richard Rohr spricht im »Enneagramm« von Lieblingssünden, die wir haben, von Gewohnheiten, von Vorurteilen und von »unerlösten Wahrnehmungen«. Denn wir alle sind Gewohnheitstiere. Schlechte Gewohnheiten dienen der Überlebensstrategie. Bleiben wir bei den positiven Gewohnheiten und Ritualen: Sie bringen Ordnung in unser Leben und geben ihm Halt und Gestalt. Sie strukturieren Alltag und Sonntag. Sie haben eine heilende Wirkung, verleihen Sicherheit und Geborgenheit, helfen, mit Ängsten, Depressionen, mit Ärger und Eifersucht fertig zu werden und den Tag zu beginnen und zu beschließen. Feste Zeiten, feste Plätze, bestimmte Lieder, bestimmte Texte und gewohnte Rituale verleihen uns Geborgenheit in Gott.

Ein Ehepaar erzählte mir, dass sie jeden Morgen beim Frühstück eine Kerze anzünden, Losung und Lehrtext lesen, einen Liedvers singen, gemeinsam beten und während des Frühstücks geistliche Musik hören, die sie gemeinsam ausgesucht haben und die beiden gefällt. Sie lassen sich selbst im Urlaub nicht von diesem Ritual abbringen. Es schenkt ihnen Geborgenheit, Ruhe, innere Einkehr und die Kraft für den beginnenden Tag.

Ein anderes Ehepaar erzählte mir, dass sie sich jeden Abend einige Minuten an Händen und am Körper streicheln, ohne sich sexuell zu erregen. Beide wollen das Ritual nicht mehr missen, weil es ihnen Festigkeit in der Beziehung, Zuneigung und Liebe signalisiert.

Auch das Abendgebet ist ein hilfreiches Ritual. Es schafft Distanz zu den Erlebnissen des Tages. Wir geben unseren Ärger, unsere Befürchtungen, unsere Ängste und Sorgen an Gott ab. Wir verschaffen uns inneren Frieden und einen gesunden Schlaf. Wir bitten Gott um gute Träume, um einen guten Schlaf und um Kraft für den neuen Morgen. Auch Begrüßungsrituale spielen eine große Rolle. Sie schaffen Gemeinschaft, bauen Ängste ab, vermitteln Sicherheit und geben das Gefühl der Zugehörigkeit.

Rituale verschaffen der Ehe einen Raum der Zusammengehörigkeit. Gewohnheiten und Rituale ordnen das Leben und schweißen die Partner aneinander. Sie geben jedem Tag und jeder Woche im Jahr eine gesunde Struktur. Gewohnheiten und Rituale haben eine heilende Wirkung. Selbstverständlich sind sie keine Zaubermittel.

Zwei Menschen, die sich lieben, sind kreativ. Sie entdecken und entwerfen neue Gewohnheiten und Rituale, die die beiden beglücken, erfreuen und innerlich zusammenwachsen lassen. Entdecken Sie Gewohnheiten und Rituale, die Ihnen gefallen und Ihre persönlichen Wünsche berücksichtigen. Sie bereichern das Zusammenleben.

Fragen an mich und an uns

Gibt es in meiner Partnerschaft Gewohnheiten und Rituale, auf die ich auf keinen Fall verzichten will?

Welche sind mir besonders wichtig?

Weiß mein Partner, welche Bedeutung ich diesen Ritualen zumesse?

Woran liegt es, dass ich eventuell keine beglückenden Gewohnheiten nennen kann?

Welche zusätzlichen Rituale wünsche ich mir, um das Zusammengehörigkeitsgefühl zu stabilisieren?

Welche Rituale feiern wir, wenn Geburtstage, Festtage und Jubiläen anstehen?

Worin liegt das Beglückende und Verbindende der Gewohnheiten und Rituale für mich?

Herr, ich bin erst beim Lesen auf die Bedeutung von guten Gewohnheiten und Ritualen aufmerksam geworden. An bestimmten Sehnsüchten und Wünschen spüre ich, dass Rituale unsere Liebe stabilisieren können. Gute Gewohnheiten sind schöne Zeiten für uns und gewinnbringende Zeiten für dich. Herr, ich denke an den Besuch des Gottesdienstes, an das Abendmahl und die Einhaltung des Sonntags, den du uns verordnet hast. Schenk mir die Kreativität, neue Rituale zu entwerfen, die uns bereichern, Liebe und Harmonie verbessern. Ich danke dir für die vielen Rituale, die du uns in deinem Wort anbietest, und für die Fantasie, die du uns zumutest, unsere eheliche Harmonie mit schönen Gewohnheiten zu beleben. Auch in diesen kleinen Dingen willst du unser Bestes. Danke. Amen.

IMPULS 33

Wir pflegen mit dem Partner und guten Freunden die Freundschaft

»Auf einen guten Freund kannst du dich immer verlassen; wenn es dir schlecht geht, ist er für dich wie ein Bruder.«
SPRÜCHE 17, 17

Ich habe es schon oft formuliert: Meine Frau ist meine beste Freundin. Wir teilen alles, wir sprechen über alles, wir erleiden und erdulden alles. Schon die antiken Philosophen waren der Meinung, die Freundschaft ist die Mutter aller Tugenden. Neben der Liebe bedarf der Mensch der Freundschaft. Freundschaft beinhaltet:

Ich bin für den anderen da.
Ich empfinde die Freundschaft wie ein Gottesgeschenk.
Ich will mit anderen Freude und Leid teilen.
Ich stimme mit den anderen in wesentlichen Dingen überein.

Menschen ohne Freunde leiden an Schicksalsschlägen und Krisen mehr als andere. Denn gerade im Leiden bewährt sich die

Freundschaft. Zur Freundschaft gehört das Gespräch, der Austausch über alles. Nichts wird auf die Goldwaage gelegt. Von daher sind Freundschaften eine große Bereicherung. Sie erfreuen und entlasten. Erst im Leiden wird die wahre Freundschaft erprobt. Von Augustinus stammt das schöne Wort: »Sine amico nihil amicum.« (Ohne einen Freund kommt einem alles unfreundlich vor.)

In der Freundschaft werden die leisen Impulse des Herzens lebendig. In Freundesbriefen haben uns viele Menschen ihre tiefsten Gefühle und Geheimnisse anvertraut. In gelebten Freundschaften haben wir Heimat, haben wir Verständnis, haben wir Angenommensein und Zuwendung erfahren.

In meiner Arbeit als Seelsorger und Therapeut habe ich die Erfahrung gemacht, dass Kinder und Jugendliche, die jahrelang eine feste und innige Freundschaft mit *Gleichgeschlechtlichen* pflegen konnten, später bei *gegengeschlechtlichen* Beziehungen beziehungsfähiger und liebesfähiger waren. Auch die Konfliktfähigkeit lag über dem Durchschnitt. Sie hatten gelernt, mit Freund oder Freundin *geduldiger* umzugehen, sich *toleranter* zu verhalten, dem Freund oder der Freundin *Vertrauen* entgegenzubringen und sich bei auftretenden Schwierigkeiten leichter *zu vergeben.*

Deutlich wird, dass uns Freundschaftsfähigkeit und Beziehungsfähigkeit nicht in den Schoß fallen. Und wir brauchen sie – neben unserer Partnerschaft. Schon Aristoteles konnte schreiben: »So notwendig wie die Freundschaft ist nichts im Leben.« Darum brauchen auch Ehepaare dringend Freundschaft zu vertrauten Menschen. Es sind Menschen, auf die wir uns rückhaltlos verlassen können, die uns zur Seite stehen, wenn es uns schlecht geht. Manche sprechen sogar von Seelenfreundschaften. Wir spüren bei ihnen die gleiche Wellenlänge, wir sprechen in etwa die gleiche Sprache und wir sind als Christen eng miteinander verbunden.

In der Freundschaft werden wir nicht bewertet, wir werden angenommen und geliebt. Freundschaft ist immer gegenseitig. Sie braucht die Erwiderung des anderen. Freundschaft kann man nicht machen. Sie ist ein Geschenk. Aber wir können schon in der jungen Ehe beginnen, Freundschaften mit verwandten Seelen zu pflegen. Das Kreisen in der Ehe um sich selbst ist in der jungen Partnerschaft schön, in der älteren Partnerschaft wird es zur Gefahr. Auch Goethe schrieb den nachdenklichen Satz: »Ohne Aufopferung lässt sich keine Freundschaft denken.« Seien wir Gott von Herzen dankbar, wenn wir über gute Freunde in der Partnerschaft verfügen.

Fragen an mich und an uns

Wie schätze ich gute Freundschaften neben meiner Partnerschaft ein?
Pflege ich intensiv Freundschaften oder fehlt mir die Zeit?
Was hat mich gehindert, Freundschaften zu leben?
Haben Enttäuschungen dazu geführt, Freundschaften zu vernachlässigen?
Welche Beziehungen habe ich in letzter Zeit vernachlässigt?
Was erwarte ich persönlich von einer intakten Freundschaft?
Was spricht dafür, alte Freundschaften, die eingeschlafen sind, neu zu beleben?
Kann es sein, dass Freundschaften von mir darum nicht intensiv gelebt werden, weil ich mich nicht ganz öffne?
Was werden wir tun, wenn wir ehrlich vor uns selbst entdecken: Freundschaften kommen in unserer Ehe zu kurz?

Herr, du hast deine Jünger Freunde genannt. Du bist unser Herr, aber auch unser Freund. Das ist eine unvorstellbare Wertschätzung. Du teilst mit uns die geheimsten Wünsche, du erhörst und verstehst unsere tiefsten Kümmernisse, du lässt uns in allen Abgründen nicht allein, du warst und bist ein kluger Seelsorger und Ratgeber. Herr, schenk uns auch neben unserer Partnerschaft Menschen, mit denen wir freundschaftlich und innig verbunden sein dürfen. Es tut einfach gut, mit Freunden verbunden zu sein, die alles mitempfinden, mitdenken und in schwierigen Situationen da sind. Hab Dank für die Freunde, sie sind auch dein Geschenk. Hab Dank für die Fähigkeit, Freundschaft zu pflegen, und für die Gabe, auch anderen ein Freund zu sein.
Amen.

IMPULS 34

Wir vermeiden belastende Abhängigkeiten

»Es gilt aber auch für euch: Ein Mann soll seine Frau so lieben wie sich selbst. Und die Frau soll ihren Mann achten.«
EPHESER 5, 33

Wir sprechen von *Beziehungsabhängigkeit*, wenn die Liebe entartet. Abhängigkeit ist eine Fehlform der Liebe. Sie ist ein Missbrauch der Liebe. Die falsche Abhängigkeit macht Paare unglücklich. Einer klebt am anderen und lässt dem Partner keine Luft. Die Sucht, sich abhängig zu machen, gebraucht zu werden und die Beziehung zu zerstören, ist riesengroß. Eine reife Liebe schließt ein:

Nähe und Distanz sind im Gleichgewicht.
Nächstenliebe und Selbstliebe halten sich die Waage.
Männer schenken der Partnerin die gleiche Liebe wie sich selbst.
Frauen achten ihre Männer und engen sie nicht ein.
Zusammensein und Alleinsein ist für beide eine Wohltat.

Abhängigkeit vom Partner, die einengt, die klammert, die Besitz ergreift, die zwingt, die beherrschen will, zerstört die Liebe. Sie ist abhängig von egoistischen Wünschen, von tief sitzenden Ängsten, von Vorurteilen und vom Selbstbetrug. Wer über Liebe in der Partnerschaft nachdenkt, muss über zu viel Abhängigkeit reflektieren.

Wer den anderen kontrollieren möchte, wer ohne den anderen nicht sein kann, wer den anderen zu stark einengt, wer immer schon weiß, was der andere braucht, und wer aus der Umklammerung flieht, weil ihm die Luft zum Atmen fehlt, hat das Gebot wahrer und aufrichtiger Liebe verletzt. Er hat die Liebe missbraucht, er hat Nächstenliebe und Selbstliebe falsch interpretiert.

Beziehungsabhängigkeit und Beziehungssucht sind Begriffe, die ursprünglich nur für Alkoholiker und ihre Angehörigen verwendet wurden. Man sprach auch von Co-Abhängigkeit und Co-Dependency. In den Siebzigerjahren wurde der Begriff erstmals auch für Menschen in Ehen angewendet. Die Liebe wird in Dienst gestellt. Sie wird als Mittel zum Zweck benutzt. Der Partner soll kontrolliert und manipuliert werden. Aus der Liebe wird *Hörigkeit, Selbstsucht, Zwang*; aus der Liebe wird eine *Perversion.*

Was sind Beziehungsabhängige?

Partner, die unnötig für den anderen Verantwortung übernehmen;
Partner, die dem anderen über Gebühr Aufgaben abnehmen;
Partner, die jemand suchen, um den sie sich kümmern müssen;
Partner, die unglücklich miteinander verstrickt sind;
Partner, die Liebe mit Selbstsucht verwechseln;
Partner, die sich aufopfern, um geliebt zu werden;
Partner, die kontrollieren und manipulieren wollen;

Partner, die nur um den anderen kreisen und ihre Bedürfnisse vernachlässigen;
Partner, die ihre Selbstständigkeit aufgeben und sich hörig machen;
Partner, die Angst haben, verlassen zu werden;
Partner, die sich selbst nicht leiden und lieben können;
Partner, die sich einreden, nichts richtig zu machen.

Alles Einstellungsmuster, die die Liebe belasten und verkehren.

Fragen an mich und an uns

Wenn ich die Liste der Abhängigkeiten durchgehe, welche Abhängigkeit macht meiner Partnerschaft zu schaffen?
Gibt es eine Abhängigkeitsform, die meinem Partner Schwierigkeiten bereitet?
Kann ich bejahen, dass mein Partner von Abhängigkeit spricht, und ich spreche bei meiner Haltung von Liebe?
Glaube ich, dass ich meine Abhängigkeit mit eigener Kraft bewältigen kann, oder benötige ich fachliche Hilfe?
Welche Angst verbirgt sich hinter meiner Abhängigkeit?
Habe ich bei der Partnerwahl schon den Menschen gesucht, der meinen Abhängigkeitsvorstellungen entspricht?
Fühle ich mich ausgebeutet oder habe ich den Eindruck, dass mein Partner mich ausbeutet?

Herr, ich bin erschrocken, wie viel Abhängigkeit in unserer Beziehung zu finden ist. Wenn ich die Liste der Möglichkeiten durchgehe, entdecke ich Muster, die mich beunruhigen. Herr, ich erkenne an der Unzufriedenheit

des anderen, dass ich kontrolliere, dass ich einenge, dass ich erpresse, dass ich manipuliere. Herr, du machst mir klar, dass ich das alles als Liebe missverstehe. Hilf mir, dass ich meine Liebe überprüfe, dass ich alle bewussten und unbewussten Verhaltensmuster einstelle, die den anderen abhängig und hörig machen. Und wenn ich erlebe, dass der andere gegen Abhängigkeit, Hörigkeit und Unterdrückung kämpft, dass ich vor ihm und vor dir verspreche, mit deinem Beistand Abhilfe zu schaffen. Herr, ich verspreche dir, dass ich, wenn es sein muss, fachliche Hilfe in Anspruch nehme. Herr, du hast die wahre Liebe gelebt, du wirst sie in mir neu gestalten.
Ich danke dir dafür.
Amen.

IMPULS 35

Wir wollen uns nicht mit anderen vergleichen

> *»Reg dich nicht auf, wenn es bösen Menschen gut geht, beneide sie nicht; denn ihr Glück ist nicht von Dauer, es erlischt wie eine Öllampe.«*
> SPRÜCHE 24, 19

Es geht ums *Vergleichen.* Es hat in der Menschheitsgeschichte eine Rolle gespielt, es hat auch in unserer Gesellschaft und in unserer Partnerschaft eine große Bedeutung.

Wer sich vergleicht, wird unzufrieden, macht sich unglücklich, schädigt seinen Selbstwert und untergräbt seine Beziehung.

»Wenn ich doch so aussähe wie das Model Heidi Klum?«
»Wenn ich doch im Mittelpunkt stehen könnte wie Thomas Gottschalk?«
»Wenn ich doch so schreiben könnte wie Thomas Mann?«
»Wenn ich so auftreten könnte wie Madonna?«

Vergleiche hinterlassen in der Regel einen faden Beigeschmack. Glück und Schönheit sind sehr zerbrechlich. Wer auf Schönheit baut, hat auf Sand gebaut. Sie erlischt wie eine Öllampe. Wer Reichtum, Äußerlichkeiten, Besitz und Geld anderen neidet, zerstört das Glück seiner Zweisamkeit. Wie schrieb Erasmus von Rotterdam, der zur Zeit Luthers lebte: »Der Kern des Glücks: Der sein zu wollen, der du bist!« Wer das sagen kann, ist von Gott beschenkt. Gott hat mich geformt, wie ich bin. Gott liebt mich, wie ich bin.

Vergleiche machen unruhig und undankbar. Vergleiche machen begehrlich und fördern die Untreue. Vergleiche rücken andere Menschen ins Bild und nicht den eigenen Partner.

Sie kennen alle das berühmte Märchen vom »Hans im Glück«. Er tauschte einen Goldklumpen gegen ein Pferd, das Pferd gegen eine Kuh, die Kuh gegen ein Schwein, das Schwein gegen eine Gans, die Gans gegen einen Wetzstein. Der Wetzstein fiel dem armen Kerl in den Brunnen und er hatte nichts mehr. Alle Last des ewigen Vergleichens war von ihm abgefallen. Jetzt war er glücklich.

Was ist die Pointe des Märchens? Der Mensch auf der Suche nach Glück, im ewigen Bemühen, Besseres, Schöneres, Optimaleres zu finden, verfehlt sein Glück. Er büßt seine Zufriedenheit ein.

Im Märchen von Schneewittchen das gleiche Dilemma: »Spieglein, Spieglein an der Wand, wer ist die Schönste im ganzen Land?« – »... aber Schneewittchen hinter den sieben Bergen bei den sieben Zwergen ist tausendmal schöner als du.« Wer sich selbst annehmen will, sollte aufhören, sich zu vergleichen. Schönheit ist immer im Auge des Betrachters. Sie ist subjektiv und jeder legt andere Maßstäbe an. Wer sich annimmt und vor den Geber aller Gaben dankbar hintreten und sagen kann: »Ich danke dir, dass du mich so gemacht hast – wie ich bin«, der ist zufrieden, der hat einen positiven Selbstwert, der schaut nicht neidisch und unglücklich hinter hübscheren Exemplaren her. »Sich vergleichen gibt Ärger« – ein wahres Sprichwort. Der erste

Mord der Weltgeschichte, Kains Brudermord, ist ein Vergleichsmord. Wer hat das Sagen – der Älteste oder der Jüngste? Wer bekommt den Segen – der Älteste oder der Jüngste? Was ist wichtiger – Ackerbau oder Viehzucht? Gott will uns mit dieser Geschichte ein unvergessliches Lehrbeispiel vor Augen führen, wohin das Vergleichen führt. Das Vergleichen ist eine Ursünde, die Unglück, Mord und Kriege heraufbeschwört. Sie hat in Ehe und Partnerschaft nichts zu suchen.

Fragen an mich und an uns

Spielt in meiner Partnerschaft das Vergleichen eine Rolle?
Hat der Vergleich mit anderen Männern oder Frauen mich unzufrieden und unglücklich gemacht?
Bin ich weitgehend mit mir zufrieden oder nörgele ich gern an mir und dem anderen herum?
Wenn die Charakterunterschiede sehr groß sind, drängen sich von daher Vergleiche auf?
Wie gehe ich mit Selbstkritik und Kritik um?
Gehe ich mit mir und dem Partner tolerant um?
Welchen Stellenwert hat die Wahrheit für mich beim Vergleich?
Lebe ich mit meinem Partner in Konkurrenz, weil wir unsere Gaben vergleichen?

Herr Jesus Christus, das Vergleichen steckt uns seit Kindesbeinen in den Kleidern. »Kann deiner schon laufen, schon sprechen, schon allein aufs Töpfchen? Kannst du schon Rad fahren, schon bis 1000 zählen, schon Klavier spielen?« Herr, wir vergleichen und werden verglichen.

Wir werden gemessen und beurteilt. Durch Vergleichen werden wir getrieben, manipuliert und in Stress versetzt. Herr Jesus hilf, dass ich mich aus dem Vergleichs- und Konkurrenzkampf mehr und mehr ausklinke, dass ich mich annehme, wie ich bin, und den Partner annehme, wie er ist. Schenk mir die Kraft, dass ich in Gedanken, Worten und Werken beim Partner bleibe und mich nicht mit Vergleichen unglücklich mache. Alle Hätte-, Wäre- und Wenn-Formulierungen untergraben das Glück.
Ich danke dir, dass ich einen Partner habe.
Amen.

IMPULS 36

Zuerst kommt die Ehe, dann kommen die Kinder

»Deshalb verlässt ein Mann Vater und Mutter, um mit seiner Frau zu leben. Die zwei sind dann eins, mit Leib und Seele.«
1. MOSE 2, 24

Die international bekannte amerikanische Familientherapeutin, Virginia Satir, konnte den Satz formulieren: »Die Ehe ist die Achse, um die sich alle anderen Familienbeziehungen drehen. Ist die Achse gestört, sind automatisch alle familiären Beziehungen nicht intakt.«

Auf den ersten Blättern der Bibel wird beschrieben, welchen Stellenwert die Ehe für die Ablösung der Kinder hat. Die Familie geht auseinander, das ist gottgewollt und schöpfungsgemäß. Die Kinder verlassen das Haus der Eltern und gründen neue Ehen und Familien. Je mehr sie von einem Elternteil geklammert werden, je unselbstständiger sie erzogen wurden und je mehr Eltern mit und ohne Worte zu verstehen geben, dass sie ihre Kinder ungern hergeben, desto schwieriger gestaltet sich der Ablösungsprozess.

So werden Junggesellen erzogen, die von »Mutters Schürze« nicht loskommen. So werden junge Frauen erzogen, die zeitlebens von der Nabelschnur der Mutter nicht ganz loskommen. Ablösungsprobleme sind in der Regel Elternprobleme. Und diese Elternprobleme spiegeln nicht selten unaufgearbeitete Ehekonflikte wider.

Zuerst kommt die Ehe, dann kommen die Kinder. Das hat mit Lieblosigkeit gegen die Kinder nichts zu tun. Die Ehe soll halten, bis der Tod die Eheleute trennt. Leider wird in vielen Ehen diese Regel nicht beherzigt und es zeigen sich Probleme in der Partnerschaft und in der Beziehung zu den Kindern.

Was geschieht, wenn die Ehe nicht an erster Stelle steht? Ein Beratungsbeispiel macht es deutlich: Die Familie ist gespalten. Untergruppen entstehen. Bündnisse werden gegen einen Dritten geschlossen. Der Mann wird isoliert und an den Rand gedrängt. Die Mutter sieht ihren einzigen Lebensinhalt in den Kindern. Spätestens wenn die Kinder flügge werden und aus dem Haus gehen, steht die Mutter allein da. Sie fühlt sich betrogen. Sie hat den Mut verloren, aktiv am Leben teilzunehmen, und resigniert. Verbittert zieht sie sich zurück. Sie hat aber auch den Kontakt zu ihrem Mann verloren. Als er sich als fünftes Rad am Wagen wiederfand, stürzte er sich verstärkt in die Arbeit und machte Karriere. Er lebte an Frau und Kindern vorbei. Und der Erfolg? Beide leben getrennte Wege, entfremden sich immer mehr, geraten öfter in Streit, vertreten unterschiedliche Meinungen und bevorzugen unterschiedliche Wege.

Die Scheidungszahlen solcher Paare, die auseinandergehen, wenn die Kinder das Haus verlassen, sind hoch. Es bleibt dabei: Erst kommt die Ehe, dann kommen die Kinder. Wer alle Arbeit und Mühe nur in die Kinder steckt, macht sie unselbstständig und verwöhnt sie. Er vernachlässigt die Ehe, die ein Leben halten soll. Denn eine gut funktionierende Ehe der Eltern ist der beste Schutz für die Kinder, beziehungsfähig, konfliktfähig und freundschaftsfähig zu werden. Eltern sind und bleiben Vorbilder für positiv gelebte Beziehungen. Eltern sind eine Garantie für Bindungsfähigkeit, die leider in den letzten Jahrzehnten immer mehr verkümmert ist, weil Eltern dysfunktionale Beziehungen leben.

Fragen an mich und an uns

Stimme ich dem Impuls 36 zu, dass zuerst die Ehe kommt und dann die Kinder?

Bleibt in meiner Ehe genügend Zeit für den Partner oder sind Beruf bzw. Kinder wichtiger?

Was tue ich, um die Partnerschaft zu stärken und den Kindern ein Vorbild für gelungene Ehebeziehungen zu vermitteln?

Entdecke ich Defizite in meiner Partnerschaft? Wie haben sich diese Defizite aufgebaut?

Was habe ich vernachlässigt oder unterlassen, dass diese Mängel sich zeigen?

Was kann oder will ich tun, um Schwächen in der Beziehung auszugleichen?

Himmlischer Vater, du hast der Ehe im Zusammenleben der Menschen einen vorderen Platz eingeräumt. Ohne diese kleinste Gemeinschaft werden Kinder, die hier aufwachsen, konfliktunfähig, liebesunfähig und freundschaftsunfähig. Herr, schenk mir die Einsicht, dass unsere Ehe im Mittelpunkt bleibt, dass wir alles daransetzen, diese Beziehung zu fördern und zu stärken, um unseren Kindern auf allen

Gebieten ein gutes Vorbild zu sein. Gib, dass unsere Beziehungsfähigkeit Anreiz für die Kinder bleibt, selbst später eine harmonische Zweisamkeit zu leben. Öffne mir die Augen für Schwächen und Fehler in der Kindererziehung und für Versäumnisse im Eheleben. Ich danke dir, himmlischer Vater, dass du nicht müde wirst, den Finger in offene Wunden zu legen. Du bist ein wunderbarer Gott, der uns hält und heilt.
Amen.

IMPULS 37

Wir sprechen offen sexuelle Probleme an

»Der Mann soll seine Frau nicht vernachlässigen und die Frau soll sich ihrem Mann nicht entziehen, denn weder die Frau noch der Mann dürfen eigenmächtig über ihren Körper verfügen; sie gehören einander.«
1. KORINTHER 7, 3–4

In der Kirchengeschichte haben die »ehelichen Pflichten« immer wieder eine große Rolle gespielt. Martin Luther übersetzte den ersten Satz: »Der Mann leiste der Frau die schuldige Pflicht.« Daher die »ehelichen Pflichten«. Eine Zeitschrift griff das Thema auf und schrieb:

»Gibt es ein Recht auf Geschlechtsverkehr in der Ehe? Mann und Frau haben den Geschlechtsverkehr nicht ›teilnahmslos‹ oder ›widerwillig‹, sondern ›in Zuneigung und Opferbereitschaft‹ zu vollziehen. So urteilte im Jahre 1967 der Bundesgerichtshof in Karlsruhe. Die eheliche Lebensgemeinschaft umfasst auch heute noch die Verpflichtung zum Beischlaf – jedenfalls nach BGH IV.2R 239,65. Doch wenn der Ehepartner nicht mehr will, kann sich der Verschmähte den Gang vor den Kadi sparen: Deutsche Gerichte lassen keine Klagen mehr zu, die das Recht auf Sex in der Ehe zum Gegenstand haben. Grund: Das Thema ist zu privat und zu peinlich, um Urteile zu fällen.« – Das ist die juristische Seite, und die menschliche und geistliche?

Paulus sagt klare Worte für Eheleute. Der Geschlechtsverkehr gehört dazu. Wer sich entzieht, bricht die Ehe. Wer heiratet und sich enthält, betrügt seinen Partner. Wer zur Ehe Ja sagt, sagt auch zum Geschlechtsverkehr Ja. Wer Schwierigkeiten hat, braucht einen Fachseelsorger. Die gedanklichen und praktizierten Sünden, die sich aus der Enthaltung ergeben, sind groß.

Sexuelle Probleme haben in den meisten Ehen einen hohen Stellenwert. Selten sind sie das Hauptthema. Aber wenn Sexualität fehlt, unbefriedigt bleibt, zu wenig praktiziert wird, wenn ein Partner sie ablehnt, überhöhte Forderungen stellt oder sogenannte »Perversitäten« verlangt, können die Mängel zu schweren Beziehungsstörungen führen.

Gott hat die körperlich sexuelle Befriedigung gewollt und den Ehepaaren geschenkt. Die einen erleben sie als Geschenk, die anderen als Belastung. Unsere Sexualität bestimmt uns in jeder Zelle. Sie ist Gottes gute Schöpfung. Mann und Frau sind ganzheitlich von ihr geprägt. Sie ist darum kein Zubehörteil, sie kennzeichnet unsere Existenz vom Scheitel bis zur Sohle. Wir Menschen sind verschieden, äußerlich und innerlich. Darum sind auch unsere Vorlieben, Vorstellungen, Einstellungen und sexuellen Praktiken, Gefühlsreaktionen und Ängste verschieden. Unser Lebensstil, der auch unser Denken, Fühlen und Handeln kennzeichnet, charakterisiert auch unsere Sexualität. Wie ich sie einschätze, bewerte und praktiziere, wie ich sie erlebt und erfahren habe, so drücke ich sie aus. Sexuelle Störungen haben mit der Lebensgeschichte des Betroffenen zu tun. Wer sexuelle Kontakte in seinem Leben als entwürdigend, belastend und ekelerregend erlebt hat, braucht sehr wahrscheinlich therapeutische Hilfe und seelsorgerliche Begleitung, um mit den abnormalen Empfindungen und Gefühlen fertig zu werden. Weder Glied noch Scheide sind die wichtigsten Sexualorgane, sondern das Gehirn, wo sexuelle Reize aufgenommen und weitergeleitet und zum Begehren umfunktioniert werden.

Fragen an mich und an uns

Welche sexuellen Mängel oder Störungen empfinde ich im partnerschaftlichen Zusammenleben?
Welche sexuellen Mängel oder Störungen empfindet mein Partner?
Haben sich meine Defizite aus schlechten Erfahrungen, aus Missbrauch oder aus problematischer Deutung ergeben?
Rühren sie aus Enttäuschungen und Unzufriedenheit mit meinem Partner?
Vermisse ich ein Entgegenkommen oder Zuwendung auf anderen Gebieten?
Betreibt mein Partner Selbstbefriedigung, weil ich mich ihm entziehe?
Bin ich bereit, ernsthaft über sexuelle Probleme zu reden?

Himmlischer Vater, ich spüre, dass ich Schwierigkeiten mit dem Wort des Paulus habe. Ich wehre mich dagegen, dass der Partner über meinen Körper verfügen kann. Ich will selbst über meine Hingabe bestimmen. Herr, ich gehöre zu denen, die sehr oft Lust verspüren und kein Echo finden. Vergib mir, wenn meine Gedanken und Fantasien nach fremden Menschen Ausschau halten.

Gib uns beiden den Mut, ehrlich über Defizite und Mängel nachzudenken. Schenk uns die Kraft, Lösungen, die beiden entgegenkommen, zu suchen. Mach uns bewusst, dass fehlende Sexualität die Harmonie unserer Beziehung beeinträchtigt. Wir vertrauen deiner Barmherzigkeit, dass du uns die Einsicht vermittelst, das wunderbare Geschenk der Sexualität für Eheleute zu achten und aus Liebe zueinander daran zu arbeiten.
Amen.

IMPULS 38

Wir stärken unsere Partnerschaft, wenn wir unsere Ergänzungsmuster kennen

»Unser Körper besteht aus vielen Teilen, die ganz unterschiedliche Aufgaben haben. Ebenso ist es mit uns Christen. Gemeinsam bilden wir alle den Leib Christi, und jeder Einzelne ist auf die anderen angewiesen.«
RÖMER 12, 4–5

Ergänzungsmuster kennzeichnen unsere Partnerschaften. Gegensätze ziehen sich an, weil sie sich ergänzen. Über 80 % aller Partnerschaften suchen die Ergänzung. Paulus spricht von der Gemeinde, da ist es auch so. Alle Glieder sollen harmonisch miteinander verbunden sein. Keine Konkurrenz, kein Machtkampf, keine Eifersucht. Kein Glied unterdrückt das andere. Einer braucht den anderen, einer unterstützt den anderen. Wie können diese Ergänzungsmuster in der Ehe aussehen?

Der Mitteilsame sucht den Stillen.
Der In-sich-Gekehrte sucht den Temperamentvollen.

Der Optimist sucht den Pessimisten.
Der Aktive gerät an den Passiven.
Der Mitreißer verbindet sich mit dem Langsamen.
Der Perfektionist liebt den Großzügigen.
Der Beschützer braucht den Zu-Beschützenden. ...

Der sachlich Handelnde gerät häufig an den »Bauchtyp«, der spontan und wenig durchdacht losstürmt. Beide brauchen sich. Allerdings, und das ist das Problem: Der Punkt der Anziehung ist zugleich der Punkt des Konfliktes. Denn jeder hält seine Wesensart für die bessere und richtigere. Jeder hat sich nicht umsonst für seine Persönlichkeitseigenarten entschieden.

Nicht nur Frauen und Männer sind unterschiedlich, das gehört zum Wesen des Menschen. Auch zwei Frauen oder zwei Männer denken, fühlen, glauben und handeln jeweils unterschiedlich. Gott hat keine Marionetten geschaffen, sondern Originale. Jeder Mensch ist für sich einzigartig. Das ist Reichtum und Konflikt zugleich. Jeder schaut durch seine Brille, jeder schaut durch die Brille seines Vorurteils. Gott hat Kühle und Warmherzige, Kleinliche und Großzügige, Ordentliche und weniger Ordentliche geschaffen und zugelassen. Wer nur einseitig seine Seite und seine Reaktionsmuster betont und herausstellt, handelt lieblos und rechthaberisch. Je mehr wir die Ergänzung schätzen, desto mehr sehen wir Vorteile und Nachteile. Der Schnelle ist in der Tat schneller als der Langsame, aber er macht in der Regel mehr Fehler. Der Langsame ist gründlicher, nachdenklicher und zuverlässiger. Der Redselige kommt zum Reden beim Stillen und Wortkargen.

Ergänzungsmuster sind Gaben und Aufgaben zugleich. Wir können sie zum Wohle der Partnerschaft einsetzen. Wir können sie allerdings auch missbrauchen. Je mehr wir wissen, wie der andere zu seinen Mustern gekommen ist, warum er sie so benutzt und einsetzt, desto mehr begreifen wir seine Ängste, seine Vorlieben, seine Beharrlichkeit und seine Unbeweglichkeit.

Liebe heißt, wir verstehen, dass der andere unaufgefordert die Verantwortung trägt, unnötig die Initiative ergreift oder sich auf den zupackenden Partner verlässt. Wir verstehen, dass der Aktive den Passiven dauernd anmeckert. Nur wenn wir die Muster auch motivational verstanden haben, können wir sie in kleinen Schritten ändern und dem Partner anpassen.

Fragen an mich und an uns

Kann ich die unterschiedlichen Muster meines Partners verstehen und bejahen oder löcke ich pausenlos dagegen an?
Welche unbewussten Ziele habe ich mit meiner Partnerwahl verfolgt, als ich solche Gegensätze wählte?
Kann es sein, dass ich auf etwas fliege, was ich selbst nicht habe oder bin?
Habe ich verstanden, dass der andere nicht besser oder schlechter ist, sondern anders?
Ist mir klar, wie der andere und ich unsere Muster im Leben entwickelt haben?
Gibt es auch Interaktionsmuster, die wir nicht ändern können und stehen lassen müssen?
Machen wir uns klar, dass unsere Gefühle von unseren Gedanken abhängig sind? Können und wollen wir unsere Gedanken ändern?

Mein Herr und Gott, unsere Unterschiedlichkeit macht mir oft zu schaffen. Ich ärgere mich und will sie nicht verstehen. Ich will es zu Herzen nehmen, dass diese Haltung ungerecht und lieblos ist. Du hast den anderen so geschaffen, wie er ist. Du willst, dass ich ihn so annehme. Hilf mir, dass ich die Unterschiedlichkeit als Bereicherung und nicht als Konflikt betrachte, dass ich die Ergänzung sehe und nicht den Widerspruch, den er in mir hervorruft. Ich brauche deine Kraft, dass ich mich in den anderen hineinversetze und nicht meine egoistischen Verhaltensweisen durchsetze. Danke, Herr, dass du Mann und Frau so geschaffen hast, dass sie eins werden, dass sie sich beistehen und ergänzen.
Amen.

IMPULS 39

Überprüfen Sie Ihre negativen Botschaften!

»Was ich dir jetzt rate, ist wichtiger als alles andere: Achte auf deine Gedanken und Gefühle, denn sie beeinflussen dein ganzes Leben!«
SPRÜCHE 4, 23

Die Gedanken in Kopf und Herz machen eine Geschichte gut oder böse. Denn nicht die Tatsachen entscheiden über unser Leben, sondern wie wir sie deuten. Die Gedanken beeinflussen unser Leben. Es gibt positive und negative, hilfreiche und irrige. Zwei Amerikaner, William Backus und Marie Chapian, haben sich intensiv mit diesem Phänomen auseinandergesetzt. Bei ihnen heißt es: »Wenn Sie etwas *glauben, handeln* Sie danach. Aus diesem Grunde sind Ihr Glaube bzw. Irrglaube die wichtigsten Faktoren Ihres geistigen und emotionalen Lebens.«

Irrige Überzeugungen beeinflussen unsere Gefühlswelt. Wie lauten solche falschen Überzeugungen und Gedanken?

»Was immer ich auch anfange, es geht schief.«
»Es gelingt mir nicht, fehlerlos zu sein.«
»Keiner mag mich!«
»Ich bin und bleibe ein Trottel.« ...

Negative Gedanken und irrige Überzeugungen beeinflussen unser Leben nachhaltig. Sie sind der Motor für Misserfolg und Dinge, die schieflaufen. Wie anders verläuft unser Leben, wenn wir der Zusage der Bibel vertrauen: »Ich vermag alles durch den, der mich mächtig macht, Christus.« Wenn wir uns diesen letzten Satz immer wieder sagen und darum beten, dass er in uns geschieht, schenkt Gott uns eine geänderte Überzeugung.

Was sind negative Botschaften? Es sind negative Selbsteinreden, die wir widerspiegeln, und Botschaften, die unseren Selbstwert beeinflussen. Es sind Aussagen, die wir von Vater, Mutter oder anderen gehört und die sich belastend eingenistet haben. Es sind Erinnerungen, die uns traurig, wütend oder ärgerlich machen.

Zwischen einem Reiz und einer Reaktion haben wir die Freiheit zu wählen. Wir haben die Fähigkeit, *pro-aktiv* zu werden, wie der bedeutende Psychiater Viktor Frankl diese Freiheit genannt hat. Pro-Aktivität heißt: Wir treffen Entscheidungen, wir tragen die Verantwortung für unser Leben. *Reaktive* Leute und Partner werden von Gefühlen, von Umständen, von Bedingungen der Umwelt getrieben.

Was verletzt uns? Was belastet uns? Was macht uns fertig? Es ist nicht das, was uns geschieht, was bestimmte Umstände uns bescheren, sondern die Art, wie wir darauf reagieren. Handeln Sie *reaktiv*, dann geben Sie die Verantwortung an der Garderobe ab. Sie sagen: »So bin ich einfach«, »Ich kann nicht aus meiner Haut!«, »Ich werde vom Leben bestimmt«, »Es gibt nichts, was ich daran ändern kann« oder »Es macht mich wütend, ich trage keine Verantwortung«.

Reaktive Menschen werden vom Gefühl getrieben. Wenn unsere Gefühle unsere Handlungen kontrollieren, dann liegt es daran, dass wir die Verantwortung abgetreten haben. Liebe ist nicht in erster Linie ein Gefühl, es ist ein Wert, der durch *liebende Handlungen* verwirklicht wird. Wer sich auf Gefühle verlässt, hat nicht selten die Ehe aufgegeben. Menschen mit Pro-Aktivität glauben, dass der lebendige Gott mehr Möglichkeiten hat, als wir für möglich halten.

Fragen an mich und an uns

Verlasse ich mich in erster Linie auf meine Gefühle, von denen ich glaube, dass ich die nicht ändern kann?

Vertraue ich meinen Gedanken und Überzeugungen, die ich tatkräftig immer neu formulieren kann?

Handele ich in erster Linie pro-aktiv oder reaktiv? Sind mir die Unterschiede bewusst?

Kann es sein, dass ich reaktiv handele und daher an vielen Stellen aufgegeben habe?

Was will ich mit Gottes Hilfe pro-aktiv ändern und tatkräftig in die Hand nehmen?

Wenn ich glaube, dass ich nichts machen kann, leuchtet es ein, dass ich dann auch wirklich nichts machen kann?

Wem vertraue ich mehr, meinen inneren Einreden oder den biblischen Verheißungen?

Mein Herr und mein Gott, ich bin überrascht, wie oft ich in der Tat reaktiv handele und Änderungen und Korrekturen für unmöglich halte. Ich lasse mich bestimmen, ich lasse mich von Umständen leiten, die ich ohne Widerspruch hinnehme. In unserer Ehe schleichen sich negative Kommunikationsmuster ein, die ich reaktiv geschluckt habe. Herr, ich spüre, wie ich mehr und mehr zur Marionette werde. Dir, Herr, traue ich zu wenig zu. Ich will mit deiner Kraft daran arbeiten, mich nicht mehr leben und treiben zu lassen, sondern pro-aktiv *Einstellungen zu korrigieren. Herr, du machst mich darauf aufmerksam, dass Gedanken mein Leben bestimmen und du mich immer neu in die Verantwortung stellst. Amen.*

IMPULS 40

Jesus erwartet, dass wir den Kindern ähnlich werden

»Jesus rief ein kleines Kind, stellte es in die Mitte und sprach. ›Das will ich euch sagen: Wenn ihr euch nicht ändert und so werdet wie die Kinder, kommt ihr nie in Gottes neue Welt.‹«
MATTHÄUS 18, 2–3

Wenn ihr nicht werdet wie die Kinder! ... Kinder können spielen. Bitte, denken Sie nie verächtlich über das Spielen. Der Schriftsteller Paulo Coelho schrieb eine kleine Geschichte in der »Welt am Sonntag«:

»Dov Beer aus Mezeritch wurde gefragt: ›Welchem Vorbild sollen wir folgen? Dem der frommen Menschen, die ihr Leben Gott weihen, ohne nach dem Grund zu fragen, oder dem der gebildeten Menschen, die versuchen, den Willen des Allerhöchsten zu verstehen?‹

›Das beste Vorbild ist das Kind‹, antwortete Dov Beer. ›Das Kind weiß doch nichts. Es hat nicht erfahren, was die Wirklichkeit ist!‹, meinten alle. ›Ihr irrt euch gewaltig. Das Kind hat vier Tugenden, die wir niemals vergessen sollten. Es ist fast immer fröhlich, ohne einen Grund zu haben. Es ist immer beschäftigt. Wenn es etwas will, weiß es, dies beharrlich und entschieden einzufordern. Und schließlich kann es sehr schnell wieder aufhören zu weinen.‹«

Wenn wir nicht werden wie die Kinder ... Ihre Fröhlichkeit ist ansteckend, ihr intensives Spiel ist beeindruckend. Ihre Beharrlichkeit ist imponierend und ihr Umschwenken vom Weinen zum Lachen ist ermutigend. Von diesen vier Tugenden können wir alle als Partner in der Ehe viel lernen.

Kinder sind ehrlich. Erwachsene tragen Masken und lügen aus Höflichkeit. Kinder sagen, was sie denken und empfinden. Sie äußern, was sie fühlen, und können sich schlecht verstellen. Die Gewohnheit der Sünde hat noch nichts in der Seele zerstört. Die Seele ist noch nicht vernarbt durch Verleugnung. Auf der Stirn und in den Augen erscheint die Einfalt. Das Kinderlachen ist offen und unverstellt. Die Freude ist ungebremst. Nichts Hinterhältiges und Verschlagenes kennzeichnet die kleine Persönlichkeit.

Werdet wie die Kinder! Das heißt nicht, werdet kindisch, werdet naiv, sondern: vertraut, glaubt, lasst euch beschenken.

Ist es das, was Jesus von uns als Erwachsene erwartet? Können wir das leisten, wieder wie die Kinder zu werden? Können wir alle Raffinesse, alle Hinterhältigkeit, alles Verstellen und alle Gemeinheiten abstellen und wie unschuldige Kinder werden? Nein, wir können es nicht. Aber wir können uns auf den Weg machen. Der Herr hat uns die Zusage gegeben, dass wir seine Kinder sind, wenn wir ihm vertrauen, wenn wir ihm glauben, wenn wir uns auf IHN verlassen.

Kinder wissen um ihr Angewiesensein. Sie kommen mit allem, was sie bewegt und beschwert, zum Vater. Kinder wissen, dass sie geliebt sind. Wenn wir uns mit diesen Kindern vergleichen, spüren wir, was uns fehlt.

Fragen an mich und an uns

Welche Vorstellungen verbinde ich mit dem Wort Jesu, wieder wie Kinder zu werden?
Wenn ich die Forderung Jesu ernsthaft betrachte, was fehlt mir am meisten zum Kindsein?
Welche Mängel und Defizite fallen mir spontan ein, die diesem Kindsein nicht entsprechen?
Was geht durch meinen Kopf, wenn ich das Gebot Jesu in mir wachrufe?
Was hält mich ab, die Tugenden des Kindes zu leben?
Welchen Gedanken will ich mit meinem Partner besprechen und ins Gebet und in Arbeit nehmen?
Bin ich gewiss, ein Kind Gottes zu sein, oder laufe ich mit Zweifeln herum?

Lieber Vater im Himmel, das Gebot deines Sohnes löst Fragen und Unklarheiten aus. Ich habe Vorstellungen und Vermutungen, aber keine eindeutige Antwort. Ich verspreche dir, mit meinem Partner vor dir dieser Frage nachzugehen. Schenk mir die Gewissheit, welche Schritte ich gehen muss, der Forderung Jesu gerecht zu werden. Herr, mir fehlt das Spielerische und Leichte, das Kinder verkörpern. Ich wünsche mir, ehrlicher und offener zu werden. Nur du kannst mir den Mut vermitteln, reinen Herzens meine Gedanken und Gefühle zu äußern, die ungekünstelt und unverpackt formuliert werden. Herr, ich will mehr kleine Kinder beobachten, um deinen Vorstellungen vom Kinde nachzueifern. Ich vertraue dir und den guten Einsichten, die du ermöglichst, deinem Gebote zu entsprechen. Amen.

IMPULS 41

Die Ehefrau ist als Mutter das Herz der Familie

»Eine tüchtige Frau – wer findet sie schon? Sie ist wertvoller als viele Juwelen! … Ihre Söhne reden voll Stolz von ihr und ihr Mann lobt sie mit überschwänglichen Worten: »Es gibt wohl viele gute und tüchtige Frauen, aber du übertriffst sie alle!«
SPRÜCHE 31, 10.28–29

Die Mutter – das Herz der Familie. »Der Mai ist der Monat der Mutter. Geschäfte erinnern uns, zum Muttertag etwas zu kaufen. Vergessen wir aber niemals: Das schönste Geschenk ist unsere Hochachtung, Sorge und kindliche Liebe für sie!«, schrieb der flämische Ordenspriester Phil Bosmans. Und Kurt Tucholsky schrieb in seiner unnachahmlichen Art ein Gedicht für die Mutter:

»Hast uns Stullen jeschnitten un Kaffee gekocht un
  de Töppe rüberjeschohm –
un gewischt un jenäht un jemacht un gedreht …
alles mit deine Hände.

Hast de Milch zujedeckt, uns Bonbongs zujesteckt un
  Zeitungen ausjetragen –
Hast die Hemden gezählt und Kartoffeln jeschält …
alles mit deine Hände.
Heiß warn se und kalt. Nu sind se alt.
Nu biste bald am Ende.
Da stehn wa nu hier, und denn komm wa bei dir
und streicheln deine Hände.«

Nach einer Umfrage des Forsa-Institutes bezeichnen 35 % der Deutschen die Mutter als ihr Vorbild. Die Bibel sagt es deutlich: Die Mutter ist kostbarer als Juwelen.

Mütter – selbstverständlich auch Väter – sind die Weichensteller unseres Lebens. Daran sollten wir uns erinnern, nicht nur zum Muttertag. In Israel kennt man das schöne Sprichwort: »Gott konnte nicht überall zugleich sein, darum schuf er die Mütter.« Es ist eine schwere Aufgabe, beiden Forderungen gerecht zu werden: Ehefrau und Mutter sein. Bei Axel Kühner, dem Pfarrer und Evangelisten, las ich eine eindrückliche Geschichte. Zwei Frauen trafen sich in der Stadt und befragten einander: »Wie geht es Ihnen und was macht eigentlich Ihr Sohn?« – »O, mir geht es gut und mein Sohn ist Rechtsanwalt. Er verdient gut und kümmert sich rührend um mich. Er ruft mich regelmäßig an und erfüllt mir jeden Wunsch.« – »Und wie geht es Ihnen und was macht Ihr Sohn?« – »O, mir geht es auch sehr gut, mein Sohn ist ein richtiger Lebenskünstler. Er geht zweimal in der Woche zu einem berühmten Psychiater. Und was meinen Sie, worüber er für 100 Dollar die Stunde mit ihm spricht: Über mich!«

»Mütter, Schicksal des Kindes!«, schrieb vor Jahrzehnten schon ein Erziehungswissenschaftler. Die einen erleben sie als Vorbild, die anderen haben sie als Belastung empfunden. Der

Mediziner und Facharzt für Kinder- und Jugendpsychiatrie, Dr. Winterhoff, schreibt in seinem Bestseller »Tyrannen müssen nicht sein«:

»Fehlverhalten von Kindern ist meistens kein Versagen von erzieherischen Konzepten, sondern Ausdruck von *Beziehungsstörungen* ... Ab dem fünften Lebensjahr ist es tief beziehungsfähig, es tut alles *für* die Eltern und lernt nachhaltig aus Konflikten.«

Muttersein ist in erster Linie eine Beziehungsfrage, keine Frage des Erziehungskonzeptes. Mütter, die eine gute Partnerbeziehung leben, praktizieren leichter eine gute Beziehung zu ihren Kindern.

Fragen an mich und an uns

Wie sind meine Rollen als Ehefrau und als Mutter der Kinder aufgeteilt? Sind beide Rollen gleich wichtig?

Will ich in erster Linie von meinen Kindern geliebt werden und sehe bei ihnen über viele Schwächen und Fehler hinweg?

Entdecke ich Defizite und Mängel im Zusammenleben mit meinem Partner, die sich in der Kindererziehung spiegeln?

Warum sind Beziehungsfragen im Familienleben wichtiger als Erziehungsfragen?

Liegen mir Karrierefragen mehr am Herzen als die Erwartung der Kinder, für sie Zeit und ein Ohr zu haben?

Glaube ich, dass Muttersein ein Beruf ist, der verhindert, dass Kinder später in Partnerschaften scheitern?

Herr, uns wird von vielen Seiten erklärt, dass wir Mütter drei Rollen konfliktfrei meistern können: Ehefrau sein, Mutter sein und beruflich erfolgreich sein. Die Defizite dieser Forderung erlebe ich jeden Tag. Mal kommt die Ehe zu kurz, mal bin ich überfordert, mal leiden die Kinder, weil der negative Stress eine intensive Zuwendung verhindert. Herr, es fällt mir unendlich schwer, Abstriche zu machen. Herr, der Egoismus macht mir zu schaffen und die richtigen Konzepte fallen mir nicht ein. Ich kann dich nur von Herzen bitten, mir und der Familie tragbare Lösungen zu schenken. Ich hoffe, du hast praktikable Vorschläge, wie wir unser Zusammenleben verbessern können. Hab Dank, dass du uns nicht aufgibst.
Amen.

IMPULS 42

Wir wollen geduldig miteinander sein

»Denn Leid macht geduldig. Geduld aber vertieft und festigt unsren Glauben, und das wiederum gibt uns Hoffnung.«
RÖMER 5, 3–4

Geduld, die mannhafte Tugend, so beschreibt der britische Theologe William Barclay die Geduld. Das griechische Wort *hypomone* ist eins der erhabensten Wörter des Neuen Testamentes. Es gibt kein deutsches Wort, das vollständig diese Bedeutung wiedergibt. Einerseits bezeichnet es das Dulden und Ertragen von Mühen, Schmerzen und Schrecken. Es bezeichnet auch die Fähigkeit einer Pflanze, unter harten und ungünstigen Bedingungen zu gedeihen. Geduld in dem Sinne meint aber nicht, mit gebeugtem Kopf dazusitzen und zu resignieren. *Hypomone* lässt einen Menschen aufrecht stehen und dem Sturm trotzen. Es ist eine Kraft, die härteste Prüfungen in Siege ummünzen kann. Geduld ist keine menschliche Tugend, auf die wir uns etwas einbilden können. Sie ist ein Geschenk des Heiligen Geistes, der sie ermöglicht.

Keine Frage, in der Ehe benötigen wir Geduld. Geduld, nicht auszurasten, nicht übers Ziel hinauszuschießen und nicht unbarmherzig zu werden, nicht loszuschreien, nicht ungerecht zu werden und nicht aus der Haut zu fahren. In der Tat: Geduld ist kein Zeichen unserer schnelllebigen Zeit, ist auch kein Zeichen für unsere vielfach gestressten Ehen. Geduld ist keine Zeitfrage, ist kein Problem der Uhr, sondern eine Frage der geistigen und geistlichen Einstellung. Nur die kann der lebendige Gott verändern.

Der russische Dichter und Schriftsteller Leo Tolstoi formulierte: »Die zwei mächtigsten Krieger sind Geduld und Zeit.« Wer richtig mit Zeit und Geduld umgeht, ist stark, mächtig und überlegen.

Ein Kaufmann wollte seinen Sohn auf die Schule schicken, aber als er den Stundenplan sah, schüttelte er den Kopf. »Muss mein Sohn das alles können?«, fragte er den Direktor. »Können Sie es nicht kürzer machen? Er soll so schnell wie möglich fertig werden.« »Das kommt ganz darauf an, was er mal werden will«, antwortete der Direktor. »Wenn Gott eine Eiche machen will, nimmt er sich zwanzig Jahre Zeit. Für einen riesigen Kürbis braucht er nur zwei Monate.«

Härte braucht Zeit und Geduld. Festigkeit braucht Zeit und Bewährung. Der weiche Kürbis hat keine Widerstandskraft. Wenn die Umstände kritisch werden, fällt er auseinander. Wer Leiden erträgt, wird geduldig, wer in Schwierigkeiten ausharren kann, wird geduldig. Als der große Beethoven die Taubheit auf sich zukommen sah, sagte er: »Ich werde das Leben an der Kehle packen.«

Wer als Ehepartner um Geduld betet, reagiert in allen Situationen ruhiger. Er verliert nicht den Kopf und nicht die Selbstbeherrschung. Besonders im Zusammenleben der Familie sind solche Momente der Beruhigung und des Stillhaltens vonnöten.

Uns platzt nicht der Kragen und wir zerschlagen kein Porzellan. Der Ungeduldige wird vom Problem überrollt, der Geduldige behält den Überblick und reizt sein Gegenüber weit weniger zum Gegenschlag. Für Familien ist Geduld ein konstruktiver Konfliktlöser.

Fragen an mich und an uns

Ist Geduld bei uns ein Garant für fruchtbare Familienbeziehungen?
Was hindert mich, in Ehe, Beruf und Familie geduldig zu reagieren?
Verbergen sich hinter der Ungeduld Motive der Rechthaberei und der Herrschsucht?
Bin ich in erster Linie mit anderen oder mit mir selbst ungeduldig?
Was genau will ich mit der Ungeduld erreichen?
Was hat mich gehindert, bisher an der Ungeduld zu arbeiten?
Wer reagiert in meinem Umfeld am negativsten auf meine Ungeduld?
Welche Schritte kann und will ich beschreiten, um die Ungeduld zu verringern?

Himmlischer Vater, Ungeduld gehört zu meinen destruktiven Verhaltensmustern in Ehe und Familie. Bisher habe ich mich herausgeredet, weil Vater und Großvater auch diese Muster praktizieren. Herr, ich gestehe dir, dass dieses Verhalten immer wieder zu hässlichen Konflikten führt, die das Klima belasten. Manchmal eskaliert diese Einstellung bis zur Zerreißprobe. Ich steigere mich

hinein und will mich durchsetzen. Herr, ich vermute, Ungeduld hängt mit meiner angemaßten Durchsetzungskraft zusammen. Ich brauche deinen Beistand, um für ein reibungsloseres Miteinander hilfreiche Praktiken fürs Zusammenleben zu finden. Gib mir den Mut, das Problem offen in der Familie anzusprechen. Hab Dank, Herr, du verlierst mit mir nicht die Geduld.
Amen.

IMPULS 43

Wir wollen etwas mit letzter Entschiedenheit in Arbeit nehmen

»Wenn sich dir die Gelegenheit bietet, etwas zu tun, dann tu es mit vollem Einsatz. Denn du bist unterwegs zu dem Ort, von dem kein Mensch wiederkehrt. Wenn du tot bist, ist es zu Ende mit allem Tun und Planen, mit aller Einsicht und Weisheit.«
PREDIGER 9, 10

Tu das, was du tust, mit letzter Entschiedenheit! Als Berater werde ich oft gefragt: »Was raten Sie mir beruflich?« Meine Antwort lautet: »Was Sie tun, ist egal. Gott hat Ihnen Gaben geschenkt. Aber wenn Sie sich für etwas entschieden haben, dann sollten Sie das mit Leidenschaft, mit Entschiedenheit und letzter Hingabe tun.« Damit nutzen wir alle Möglichkeiten, die Gott uns geschenkt hat.

Das gilt auch für die Ehe, das gilt für Mann und Frau und für die kritischen Punkte, an denen Sie in der Beziehung arbeiten wollen. Solange Sie eine Veränderung nur für richtig halten, sich eine Korrektur nur dringend anraten und nur die Einsicht haben und nicht den unbedingten Willen zur Veränderung, geschieht nichts. Wir alle kennen das Sprichwort: »Der Weg zur Hölle ist mit guten Vorsätzen gepflastert.«

Wir sind auf dem Weg zur Ewigkeit. Das Verschieben auf Morgen hat seine Tücken. Das Verschieben täuscht uns Entlastung vor. Wenn wir tot sind, haben alle Änderungswünsche und Planungen ausgedient. Packen Sie aber nicht alle Dinge gleichzeitig an! Entscheiden Sie sich nur für das wichtigste Problem und nehmen Sie das ins Gebet und in Arbeit.

Gute Vorsätze hinterlassen eine tiefe innere Befriedigung. Meine Erfahrung aus der Beratungs- und Seelsorgepraxis: Von zehn Ratsuchenden wollen etwa sieben einen guten Rat und eine hilfreiche Diagnose, sie wollen keine Änderung, die Arbeit kostet. Etwa drei wollen auch etwas tun. Während meiner Ausbildung zum Kindertherapeuten erlebte ich eine amerikanische Therapeutin, die vor einem großen Publikum mit einer Familie arbeitete. Eltern und Kinder besprachen ein wichtiges Problem in ihrer Familie. Es dauerte etwa eine Dreiviertelstunde, dann hatten alle Beteiligten ein gemeinsames Programm entwickelt. Jetzt fragte sie jeden Einzelnen, ob er oder sie mit der Umsetzung in die Praxis einverstanden sei. Die Kinder und der Vater sagten übereinstimmend Ja. Nur die Mutter sagte: »Wir wollen es probieren.« Die Therapeutin schüttelte den Kopf und sagte. »Daraus wird nichts. Wollen Sie´s ganz? Mit aller Kraft und mit letzter Entschiedenheit? Sonst haben wir vergeblich hier zusammengesessen.«

Einsicht ist der erste Schritt. Kein Millimeter mehr. Bis zum Tun können Jahre vergehen. Entschiedenheit setzt Handeln voraus. Wer nicht handelt, diskutiert, debattiert, reflektiert und formuliert. Sie kennen das bei allen Regierungen, vor der Wahl werden unzählige Versprechen abgegeben, nach der Wahl entscheiden neue Leute über neue Versprechen und das Tun wird zurückgestellt. Welcher Konflikt ärgert Sie am meisten? Welches Problem im letzten Jahr belastet Sie am stärksten? Welche Schwierigkeit gefährdet das Zusammenleben? Lassen Sie getrost andere Probleme ruhen und nehmen Sie nur das Notwendige in Arbeit. Gott ist barmherziger als wir mit uns.

Fragen an mich und an uns

Was denke ich über die Probleme, die mir in den letzten Wochen deutlich geworden sind?

Welche Konflikte habe ich fest ins Auge gefasst und ins Gebet und in Arbeit genommen?

Welche Motive hindern mich, mit letzter Entschiedenheit an Schwierigkeiten zu arbeiten?

Kann es sein, dass inzwischen eine Reihe Mängel deutlich wurden, und ich habe resigniert?

Werfe ich mir Versagen vor und stelle alle Korrekturversuche ein?

Zweifle ich an Gottes Liebe und stelle alle Änderungsversuche ein?

Kann es sein, dass ich mir zu viel vorgenommen habe und von mir enttäuscht bin?

Treuer Herr und Gott, leider sind manche guten Vorsätze wie Seifenblasen zerplatzt. Aber ich möchte nicht resignieren, ich möchte nicht aufgeben, ich möchte nicht in der Enttäuschung hängen bleiben. Gib uns beiden die Kraft und den Mut, ein Problem, das uns beiden am Herzen liegt, geduldig und beharrlich zu lösen. Ich habe zu viel schleifen lassen und will jetzt zu viel ändern. Du schenkst

mir die Einsicht, nicht krampfhaft an Schwierigkeiten zu arbeiten. Du schenkst mir die Liebe, ruhig und in kleinen Schritten Verbesserungen im Zusammenleben zu erreichen. Herr, ich erlebe, wenn ich es zwingen will, ist mein Bemühen vergeblich. Dir darf ich vertrauen, du handelst mit uns barmherzig. Ich hoffe weiterhin auf deine Nachsicht.
Amen.

IMPULS 44

Wir wollen uns im Vertrauen auf Gott nichts abzwingen

»Denn Gott hat seine Engel ausgesandt,
dass sie dich schützen, wohin du auch gehst.
Sie werden dich auf Händen tragen und du wirst
dich nicht einmal an einem Stein verletzen.«
PSALM 91, 11–12

Einst kam ein Ratsuchender zu einem Seelsorger: »Ich habe ein Problem, können Sie mir einen Rat geben?« Der Seelsorger sagte: »Das hängt von Ihrem Problem ab!« Der Ratsuchende stöhnte: »Seit einiger Zeit fällt mir auf, dass ich mich nicht lange auf eine Sache konzentrieren kann. Ich möchte am liebsten immer zwei oder drei Sachen gleichzeitig machen. Dann komme ich in Hektik und unglaublichen Stress. Ich fühle mich total überfordert.« Der Seelsorger dachte einen Augenblick nach und sagte dann zu ihm: »Geben Sie sich Mühe, ein guter Schwimmer zu werden.« Der Ratsuchende fragte etwas verwirrt: »Was ist ein guter Schwimmer?« Der Seelsorger antwortete: »Ein problematischer Schwimmer liegt im Wasser und kämpft mit Armen und Beinen und ist schnell erschöpft. Er will das Wasser bezwingen. Ein guter Schwimmer macht auch Schwimmbewegungen, lässt sich aber vom Wasser tragen.«

Das ist unser Problem in Ehe, Beruf und überall: Wir wollen es zwingen und kämpfen gegen die Uhr und die Umstände an. Wir lassen uns nicht tragen. Wir vertrauen nicht den Engeln und der Kraft Gottes, die es uns mit leichter Hand gelingen lassen.

Viele Christen und Eheleute sind problematische Schwimmer. Sie rackern sich ab, als müssten sie alles allein meistern. Bedenken Sie: Das Wasser trägt uns, seine Kraft ist in uns Schwachen mächtig – und mit jeder Aktion, die wir uns abzwingen, lästern wir Gott.

Wir werden aufgerufen, für unsere Seligkeit zu arbeiten. Aber: »Gott ist's, der da schafft beides, das Wollen und das Vollbringen.«

Wenn wir uns zwingen, praktizieren wir *Selbstüberforderung, Selbstruhm* und *Selbsterlösung*. Wir kommen in Hektik, bringen uns in negativen Stress, sind aggressiv und werden unzufrieden. Wir Christen haben uns von der Leistungsgesellschaft anstecken lassen. Wir glauben, wir müssen es bringen, das Tempo erhöhen und das Letzte aus uns herausholen.

Wir schenken diesen Forderungen mehr Glauben als dem Worte Gottes. Wenn wir uns auf den lebendigen Gott und seine Kraft verlassen, gleiten wir leichter und unbeschwerter durchs Wasser und damit durchs Leben.

Fragen an mich und an uns

Wenn ich in Stress und Selbstüberforderung gerate, was mache ich im Hinblick auf das Gesagte falsch?

Gehöre ich auch zu den problematischen Schwimmern, die mit letzter Anstrengung gegen das Wasser ankämpfen?

Wie kann ich es schaffen und an meiner Seligkeit arbeiten, ohne wie ein Sklave zu schuften?
Kann ich mir vorstellen, dass selbst die kleinsten Korrekturen meinen negativen Stress abbauen und die Lebenszufriedenheit fördern?
Wenn ich mit meinem Partner diese Schwierigkeit bespreche, welche konkreten Aufgaben wollen wir betend anpacken?

Wenn Ihnen nichts einfällt, suchen Sie einen Fachberater oder eine Fachberaterin auf, mit denen sie kleine Lösungen ausfindig machen.

Mein Herr und mein Gott, das Bibelwort trifft mich an entscheidender Stelle. Ich lasse dich nicht wirken, ich will der Macher und Gestalter sein. Herr, mir geht mehr und mehr auf, dass du meine Pläne, Wünsche und Ziele absegnen sollst. Du, Herr, sollst mein Erfüllungsgehilfe sein. Das ist eine bittere Erkenntnis und ich trage ja auch die Folgen: Mein Ehrgeiz und mein Anerkennungsstreben haben mich in diese Lage gebracht. Deine mutmachende Botschaft habe ich auf den Kopf gestellt. Mein Herr und Gott, nur mit deiner Hilfe kann ich mein Lebenskonzept ändern und nur mit meinem Partner und dir als dem Dritten im Bunde kann uns eine Gesinnungsänderung gelingen. Wir hoffen auf deinen Beistand, so können wir nicht weitermachen. Dir gebührt der Dank für den ersten Schritt der Einsicht.
Amen.

IMPULS 45

Wir müssen verwurzelt sein

> *»Andere Körner fielen auf felsigen Boden, wo nur wenig Erde war. Dort ging die Saat zwar schnell auf, aber als die Sonne heiß brannte, vertrockneten die Pflänzchen, weil ihre Wurzeln in den dünnen Erdschichten zu wenig Nahrung fanden.«*
> MATTHÄUS 13, 5–6

Wurzeln sind in unserem Leben notwendig. Die beiden Evangelisten und Musiker Jörg Swoboda und Theo Lehmann haben ein Lied geschrieben und komponiert: »Dass dein Wort in meinem Herzen starke Wurzeln schlägt und dein Geist in meinem Leben gute Früchte trägt, deine Kraft durch mich die Welt zu deinem Ziel bewegt, Herr, du kannst dies Wunder tun.«

Wurzeln garantieren eine Verankerung im Erdreich. Wurzeln, die starke Bäume tragen, sind gegen Stürme und Unwetter eine sichere Plattform. Wurzeln in Christus sind eine Verwurzelung im Glauben.

Wenn Stürme übers Land fegen, fallen zuerst die Fichten um. Warum nicht die Eichen? Eichen besitzen eine sogenannte

Herzwurzel. Der verdünnte Stamm geht senkrecht ins Erdreich. Bei Fichten wachsen die Wurzeln in die Breite. Sie haben keinen festen Halt wie die Eichen und fallen dem Windbruch zum Opfer.

Viele Ehen fallen dem Windbruch zum Opfer. Sie sind zu wenig im Glauben und in der Liebe verankert. Wenn bei einer in Glauben und Liebe verwurzelten Ehe die Stürme des Lebens kommen – Krankheit, Not und Anfechtungen –, dann mögen die Blätter fallen, die Ehe hält und bleibt fest verankert stehen. Sie hat Herzwurzeln, die senkrecht in die Tiefe gehen. Sie zapft Quellwasser an und trocknet nie aus.

Peter Hahne, einer der Redakteure im ZDF-Hauptstadt-Studio, formuliert es in seinem Bestseller »Schluss mit lustig« so: »Je tiefer die Wurzeln, desto weniger kann man umgetopft werden. Und genau hier erweist sich unsere Gegenwart als Zeit ohne Wurzeln ... Wer sich dauernd ›verpflanzen‹ lässt, bleibt letztlich ohne festen Standpunkt. Wir leben in einer Umtopfgesellschaft, die die Proklamation fester Werte unter Fundamentalismusverdacht stellt.« Zeitungen und Medien verkünden Dinge, die morgen überholt sind. Wer sich vom Zeitgeist einwickeln lässt, wird pausenlos umgetopft. Er hat keinen festen Boden mehr unter den Füßen.

Verwurzelung hat etwas mit Tradition, mit Stehvermögen und mit Glaubensfestigkeit zu tun. Eheleute ohne Stehvermögen fallen auf die Nase. Die Verführung in unserer Gesellschaft ist riesengroß. Am leichtesten lassen sich Menschen verführen, die wurzellos und standpunktlos sind. Ihnen fehlt das Fundament. Ihnen fehlt der Halt im Leben. Sie fliegen auf jeden neuen Reiz. Die Wellnesskur für die Ehe spricht nicht umsonst unser Stehvermögen an, unsere Verwurzelung im Glauben. In der lateinischen Sprache heißt die Wurzel »radix«. Das Wort radikal ist davon abgeleitet. Radikal bedeutet also »an die Wurzel gehend, vollständig, gründlich«. Viele Ehe- und Lebensprobleme sind Wurzelprobleme. Die Verankerung fehlt.

Fragen an mich und an uns

Gehöre ich zu den Menschen, die leicht zu beeinflussen sind?
Was sind meine Schwachstellen und wie kommen sie zustande?
Neige ich zur Standpunktlosigkeit? Was sind meine Hauptmotive?
Welche Schwierigkeiten ergeben sich aus der Feststellung, dass ich leicht umzutopfen bin?
Bin ich ein Mensch, der schnell von neuen Ideen und neuen Entwürfen gefesselt wird?
Welche Anfechtungen kenne ich, die mit mangelnder Verwurzelung zu tun haben?
Glaube ich, dass ich die Verwurzelung im Glauben in Arbeit nehmen muss?

Treuer Herr, ich glaube an dich und will mich von deinem Wort leiten lassen. Frei vom Zeitgeist bin ich nicht und gehöre zu den Menschen, die sich leicht beeinflussen lassen. Die tiefe Verwurzelung wirft Fragen auf, die ich noch nicht zu Ende gedacht habe. Ich weiß wirklich nicht, ob ich starken Stürmen und Verführungen gewachsen bin. Herr, ich brauche deinen Beistand und deine Ermutigung, gehalten, getragen und bewahrt zu werden. Ich brauche deinen Durchblick, im Pluralismus unserer Tage nicht von undurch-

sichtigen Strömungen fortgetragen zu werden. Ich benötige deinen Schutz, allen Versuchungen und Verführungen gewachsen zu sein. Danke, Herr, für alle Führung und Begleitung, die wir in unserer Ehe bisher erleben konnten.
Amen.

IMPULS 46

Wir akzeptieren, dass Krisen Reifungshilfen sind

»Herr, bei dir suche ich Zuflucht; lass mich nie enttäuscht werden! Rette mich, wie du es versprochen hast!«
PSALM 31, 2

Krisen sind dazu da, dass man sie überwindet. Sie sind Reifungshilfen und Gelegenheiten Gottes, um unseren Glauben zu festigen. Das griechische Wort für Krise bedeutet: Entscheidungssituation, Wende, Höhepunkt, aber auch Schwierigkeit und Klemme. Leider verstehen viele unter Krise eine Sackgasse, eine katastrophale Lage. Sie geraten in Panik und lassen die Flügel hängen.

Ehekrise heißt: Wichtiges wächst zur Entscheidung heran, Enttäuschungen müssen bewältigt werden und sollen zur Aufhebung der Täuschung führen, Macht und Liebe wollen geklärt sein. Krisen sind erforderlich, Krisen sind heilbar, Krisen sind Wachstumshilfen und bieten der Partnerschaft neue Chancen.

Wer von Kind an gelernt hat, Krisen auszuweichen, wirft schnell die Flinte ins Korn. Er läuft vor Schwierigkeiten weg und geht den Weg des geringsten Widerstandes. Die Folge ist: Er flieht aus der Ehe, lernt nicht, Schwierigkeiten zu meistern und an Hindernissen zu wachsen.

Partnerschaften sind nicht nur Spaziergänge ins Glück. Schmerzen, Krankheiten, Lebens- und Berufsprobleme gehören zum Leben zu zweit.

Krisen sind eine realistische Begleitmusik im Leben von Partnern. Leider neigen auch Christen dazu, Krisen zu verdrängen, totzuschweigen und zu verharmlosen. Einige wollen Probleme nicht zerreden, aber auch nicht bearbeiten. Unrealistisch warten sie auf Wunder, die von außen oder vom Himmel kommen. Wer sich der Krise stellt, stellt sich auch seinem Fehlverhalten. Dazu schreibt der amerikanische Theologe Professor Dr. Adams: »Kasimierz Dabrowski, Direktor des Institutes für Kinderpsychiatrie und Psychohygiene in Warschau und Professor der Polnischen Akademie der Wissenschaften, hat in einem kürzlich erschienenen Buch einen interessanten Vorschlag gemacht. Er vertritt die Ansicht, dass ein sogenannter Nervenzusammenbruch in Wirklichkeit etwas sehr Nützliches sei. Sowohl Ratsuchende als auch Berater sollten einen ›Zusammenbruch‹ als einen Aufbruch und nicht als einen Zusammenbruch betrachten ... Vor diesem Scherbenhaufen gibt ihm Gott eine unerwartete Gelegenheit. Er kann neu anfangen und sein Leben durchgehend neu aufbauen. Für einen verzweifelten Menschen ist in der Seelsorge am meisten zu hoffen.«

Lassen Sie sich nicht entmutigen, in Krisen unrettbare Pleiten und Katastrophen zu erblicken. Ihre Kreativität wird geweckt, Niederlagen und Hindernissen mit Besonnenheit zu begegnen. Auch Ihre Kinder lernen, zuversichtlich und im Glauben Krisen anzupacken und nicht den Kopf in den Sand zu stecken. Ihr Vorbild ist für die spätere Konfliktfähigkeit der Kinder notwendig.

Fragen an mich und an uns

Wurde ich in Kindheit und Jugend fürs Krisenmanagement zugerüstet?

Habe ich schon Krisen gemeistert oder sind sie mir erspart geblieben?

Sind Krisen in meinen Augen Wachstumshilfen oder schwere Sackgassen?

Wie gehen wir beide mit Krisen, Fehlentscheidungen und sogenannten »Schicksalsschlägen« um?

Neige ich zum Verdrängen, zum Überspielen oder Verharmlosen von Krisen?

Erlebe ich in Gott einen Beistand und Helfer oder habe ich den Eindruck, ich muss alles allein meistern?

Was erleben meine Kinder bei mir? Packe ich das Problem bei den Hörnern oder resigniere ich?

Ja, Herr, ich erkenne, dass Krisen Reifungshilfen sind. Ich wünsche sie mir nicht, aber sie festigen unsere Beziehung in der Ehe. Sie schweißen zusammen und fordern unsere Liebe heraus. Und sie werfen uns noch stärker auf dich, Herr. Wir stehen nicht allein vor den Riesenproblemen. Du hast uns versprochen, dass nichts uns trennen kann von deiner Liebe. Diese Zusage ist eine unsagbare Stütze. Aber in der Tiefe der Krise brauchen wir deinen Geist, der die richtigen Schritte ermöglicht. Wir brauchen deine Ermutigung, nicht zu kapitulieren. Wir brauchen deine Kraft, um den Kindern ein gutes Vorbild zu bieten, nicht vorschnell aufzugeben. In einer Welt mit gewaltigen Herausforderungen brauchen wir dich als Begleiter und Kraftspender. Du bist ein starker Herr. Ich danke dir dafür. Amen.

IMPULS 47

Wir wollen gemeinsam alt werden

»Denk an deinen Schöpfer in der Jugend, ehe die bösen Tage kommen und die Jahre sich nahen, da du wirst sagen: ›Sie gefallen mir nicht.‹«
PREDIGER 12, 1

»Altwerden ist das schwerste Examen, das Gott uns zumutet«, hat ein weiser alter Mensch geschrieben. Und zufrieden alt werden in der Ehe ist eine Kunst. Sie erfordert Kreativität und Engagement. Sie verlangt Selbstvertrauen und den lebendigen Glauben, dass jenseits der Pensionierungsgrenze noch ungeweckte Kräfte schlummern. Kunst hängt mit Können zusammen. Und Können verlangt Einübung.

Auf der anderen Seite: Alt werden ist eine tägliche Erfahrung, sie ist der Lauf der Welt, sie ist der Plan Gottes mit den Menschen. Ein langes Leben ist nicht das Privileg kommender Generationen, sondern das bevorstehende Schicksal der meisten lebenden Deutschen. Die Lebenserwartung in Deutschland hat sich in zwei Jahrhunderten verdoppelt. Damals waren es 40 Jahre für Frauen, heute werden sie im Durchschnitt 80 Jahre alt. Altern ist für viele ein Angstthema. Frauen und Männer können vieles tun. Der gemeinsame Glaube, gemeinsame Aktivitäten und Interessen und gemeinsame Ehrenämter und Ziele sind ein Motor, der lebendig und beweglich hält. Alte Menschen bringen Glaubenserfahrung und Lebensweisheit mit, die für Kinder und Enkel vorbildhaft sein können. Eheleute, die das Altwerden als Chance bejahen, werden die Hände nicht in den Schoß legen. Sie warten nicht ab, bis die Kräfte erlahmen. Sie nutzen die Zeit, die Gott ihnen geschenkt hat, denn Aufgaben und Gaben Gottes haben keine Altersgrenze.

Der verstorbene Kabarettist Hans-Dieter Hüsch sagte über die Ehe: »Es ist das größte Kunstwerk, dass zwei Menschen, die sich einmal überhaupt nicht gekannt haben, den Versuch machen, miteinander alt zu werden.« Jahrzehntelanges Zusammenleben ist ein Kunstwerk und das Geheimnis einer glücklichen Ehe. Diese Liebe können wir nicht produzieren wie einen Pudding. Diese Liebe ist ein Geschenk. Mann und Frau sind eine neue Eheperson, »ein Fleisch« geworden.

Allerdings, wenn wir mithalten wollen, müssen wir was tun. Wir leben in einer ökonomisch geprägten Hochleistungsgesellschaft. Es gibt keine Telefone für alte Leute, es gibt keinen Supermarkt für Langsame. Es gibt keinen Bankomat für Leute, die etwas umständlich reagieren. Wer aussteigt, wird unweigerlich aufs Abstellgleis geschoben.

Gebrauchtwerden hält jung. Eheleute, deren Kinder aus dem Haus sind, brauchen eine Aufgabe, brauchen das Gefühl, gefordert zu werden, brauchen einen Sinn im Leben. Nichtstun ist eine gefährliche Langeweile. Die wirksamste Methode, sich lange jung zu halten, ist nicht die Auffrischung durch Anti-Aging und raffinierte Kosmetik, sondern eine Tätigkeit, die man gern ausübt. Alte Menschen sind nicht abgeschrieben. Sie sind es, wenn sie sich selbst abgeschrieben haben. Auf jeder Lebensstufe müssen wir zu uns selbst finden, indem wir den anderen liebend verstehen, ihn gelten lassen und ihn annehmen. Nur so kann das Kunstwerk der Ehe im Alter gelingen. Wenn Paulus im 1. Korintherbrief vom Leib Christi spricht, zu dem wir alle gehören, die Jungen und die Alten, die Verheirateten und die Nichtverheirateten, dann wird deutlich, dass Altwerden auch ein Charisma ist, eine Gnadengabe. Paulus zeigt das reibungslose Zusammenspiel von Gliedern, das nur gelingt, wenn alle miteinander ein gutes Hand-in-Hand-Spiel garantieren.

Fragen an mich und an uns

Wir sind schon Jahrzehnte verheiratet. Welche Probleme machen unserer Ehe zu schaffen?

Ich lebe jenseits der Pensionierungsgrenze. Welche Aufgaben würde ich noch gern in Angriff nehmen?

Habe ich schon in jungen Jahren erlebt, dass Gebrauchtwerden ein Faktor ist, der belebt?

Ist mein Leben im Alter mit Aufgaben und sinnvollen Arbeiten ausgefüllt?

Was hindert mich, noch sinnvolle Dienste für die Gemeinschaft zu planen?

Habe ich das Gefühl, dass mir ehrenamtliche Mitarbeit nicht mehr zugemutet werden kann?

Glaube ich, dass meine Krankheiten, Gebrechen und Defizite so schwerwiegend sind, dass ich auf Mitarbeit verzichten muss oder will?

Herr, wenn Gemeinde und Familie den Leib Christi bilden, wo Gemeindeglieder, Eltern und Kinder, Großeltern und Enkel, Gesunde und Kranke zusammenarbeiten, dann sind wir auch als ältere Eheleute gefordert, unseren Beitrag zu leisten. Mach uns Mut, kleine sinnvolle Dienste beizusteuern. Gib uns die Überzeugung, dass wir gebraucht werden, wenn der Lebensmut uns verlassen will. Schenk uns die Einsicht, deinem Lebensauftrag gerecht zu werden, unsere Talente, Gaben und Fähigkeiten, die du uns anvertraut hast, zu nutzen. Sei uns aber auch barmherzig, wenn wir das Risiko und die Zuversicht nicht aufbringen, für die Gemeinschaft aktiv zu werden. Danke, du hast unser Leben in deiner Hand.
Amen.

IMPULS 48

So wie wir sind, sind wir gut genug

»Freut euch Tag für Tag, dass ihr zum Herrn gehört. Und noch einmal will ich es sagen: Freut euch!«
PHILIPPER 4, 4

Wir dürfen uns freuen, zu IHM zu gehören, als Junge, als Alte, als Ehepaare. Wir sind nicht gut, Gott allein ist gut, *aber wir sind gut genug.* Wir müssen nicht ständig Angst haben, dass wir die Ewigkeit verpassen. Wir müssen uns nicht mit Zweifeln plagen, ob unser Glaubenskonto ausreicht. Wir reichen aus, weil wir von Gott geliebt werden, weil er alles für uns getan hat. Wir dürfen uns freuen, weil wir zu IHM gehören, weil wir für ihn gut genug sind. Das ist eine *Zusage*, die alle Selbstüberforderung abbaut, eine *Verheißung*, die Zufriedenheit herruft, und eine *Aussage*, die Ruhe und Gelassenheit in unser Eheleben bringt.

Der Satz Goethes im »Faust«, der wie eine evangelikale Botschaft klingt: »Wer immer strebend sich bemüht, den können wir erlösen«, ist eine Lüge. Wir sind erlöst ohne unser Verdienst, wir sind gerettet ohne unseren guten Willen wir sind seine Kinder und erlangen diesen Status nicht durch Ehrgeiz und Anstrengung.

Die geistliche und therapeutische Heilung von Selbstwertstörungen, von Ängsten aller Art und von geistlichen Mängelgefühlen sind in diesem einen Satz zusammengefasst: So wie ich bin, bin ich gut genug.

Der Kernsatz im Gleichnis vom Weinstock lautet: Wer in IHM bleibt, bringt viele Frucht, lebt in ihm, ist sein Kind und tauglich für die Ewigkeit. Das schafft eine Befreiung an Leib, Geist und Seele. Das macht gelassen und beschwerdefrei. Ich kann mich ertragen mit meinen Eigenarten und Begabungen, mit meinen Grenzen und Begrenzungen.

Wer das sagen kann, der hat Lebensmut, der packt zu, der resigniert nicht. Wer das sagen kann, der dreht sich weniger um sich selbst. Er nimmt sich an, wie er ist. Er ist glücklich.

Fragen an mich und an uns

Welche Selbstvorwürfe und Selbstanklagen verdunkeln meine Gemütslage?

Welche Ängste und Befürchtungen haben sich in meinen Alltag eingeschlichen?

Was möchte ich geistlich wirklich erreichen, wenn ich meine Anstrengungen verdoppele?

Habe ich auch den Eindruck, dass ein Christ niemals mit sich zufrieden sein darf und immer mit Selbstverbesserungen beschäftigt sein muss?

Herr Jesus, ich entdecke an mir, dass diese Freude, die Paulus anspricht, selten von mir Besitz ergreift. Herr, ich spüre immer wieder Mängel und Versäumnisse, die mein geistliches Leben heimsuchen. Und es sind die vielen kleinen Hindernisse im Alltag, die die Freude lähmen. Ich schaue auf die Probleme und nicht auf dich. Ich lasse mich von unliebsamen Kleinigkeiten beeinflussen und nicht von deiner Freude, die du für uns bereithältst. Treuer Herr, du kannst meine Blickrichtung ändern, auf dich zu schauen und nicht auf die vielen unerledigten Dinge. Du kannst meine Gedanken und Gefühle umpolen, damit die tägliche Freude im Vordergrund steht und nicht der graue Alltag das Sagen hat. Schenk du, Herr, dass ich stärker aus dir, mit dir und in dir lebe. Amen.

IMPULS 49

Uns geschieht, was wir glauben

»Dann sagte Jesus zu dem Hauptmann: ›Geh nach Hause! Was du mir zutraust, soll geschehen!‹ Zur gleichen Zeit wurde der Diener gesund.«
MATTHÄUS 8, 13

Ein Wort Jesu, das es in sich hat. Ein Wort Jesu, das Wundern die Tür öffnet. Wenn wir glauben, geschehen Zeichen und Wunder. Wenn wir vertrauen, erfüllen sich unsere Hoffnungen. Wenn wir Glauben hätten wie ein Senfkorn groß, könnten wir Berge versetzen. Gott ermutigt uns, diesen Glauben *auszuprobieren,* zu *testen* und zu *wagen.*

Ist der Glaube mit Fragezeichen durchsetzt, steht am Ende ein Fragezeichen. Ist der Glaube mit Zweifeln durchsetzt, stehen am Ende Zweifel. Ist der Glaube mit Angst durchsetzt, steht am Ende die Angst. Halten wir den Glauben an Gott nur für möglich, steht am Ende eine Theorie.

Jesus stellt uns den Hauptmann als Vorbild des Glaubens vor Augen. Sein Vertrauen wirkt Wunder. Sein schlichtes Vertrauen übertrifft alle Erwartungen. Woran liegt es, dass unser Glaube und unser Vertrauen so löchrig sind? Ist der Glaube ein Risiko? Wir alle kennen das Sprichwort: »Wer nicht wagt, der nicht gewinnt.« – »No risk, no fun« (ohne Risiko kein Spaß).

Glaube ist Tat, keine philosophische Wortklauberei. Anthony de Mello erzählt eine lehrreiche Geschichte von einem Mönch, der hartnäckig die Frage stellt, ob die Seele des Gerechten den Tod überlebt. Der Mönch bekommt darauf die Geschichte eines Mannes erzählt, der von einem Giftpfeil getroffen wird und in akuter Lebensgefahr schwebt, wenn er nicht umgehend den Giftpfeil herauszieht und die Wunde behandeln lässt. Doch diesem Verletzten ist es wichtiger, erst die Fragen beantwortet zu bekommen, ob der Täter ein Weißer oder Schwarzer war, ob er groß oder klein war und ob er ein Kastenloser gewesen sei oder nicht. Was halten wir von dem Mann? Es ist ein Verrückter. Aber geht es vielen von uns nicht genauso? Die Sünde hat uns tödlich vergiftet und wir diskutieren über unsinnige Fragen. Wir reden über Wege, gehen diese Wege aber nicht. Wir reden über Medizin, nehmen sie aber nicht ein.

Wie antwortete Jesus einem Gesetzeslehrer: »Du hast recht geantwortet: *Tu das, so wirst du leben.*« Das gilt für Ehepartner in gleichem Maße. Wer vertraut, wird leben, wer vertraut, wird Wunder erfahren. Wer IHM vertraut, wird auf allen Gebieten der Partnerschaft und der Familie Erleichterungen und Abbau von Stress erfahren. Vertrauen ist keine Zauberei, aber wir erleben einen Gott, der uns von allen Seiten umgibt, der Schwung in unser Leben bringt, der Herz und Gemüt froh stimmt und der Wunder wirkt. Der Hauptmann macht uns etwas vor, das in der Tat zur Nachahmung reizt.

Fragen an mich und an uns

Glaube und Vertrauen sind das Kernstück unseres Christseins. Was mindert mein Vertrauen?

Bin ich auch mit vielen Nebenfragen beschäftigt, die das Vertrauen in IHN untergraben?

Welche Probleme in Ehe und Alltag nehmen mich mehr gefangen als die Beschäftigung mit unserem Herrn?

Welche Prioritäten setze ich in der täglichen Struktur meiner Arbeit?

Was würde Jesus am meisten in meinen Augen stören, wenn er einen ganzen Tag zu Besuch käme?

Habe ich wieder das Gefühl, ich müsste mehrere Dinge auf einmal ändern, und erschüttere mein seelisches Gleichgewicht?

Du, mein Herr und Gott, mit der Vertrauensfrage sprichst du ein Zentralproblem meines Lebens an. Ich möchte dir so gern rückhaltlos und ohne Einschränkungen vertrauen. Dabei bin ich auf deinen Beistand angewiesen, denn ich kann das Vertrauen nicht erzwingen. Ich kann es auch nicht machen. Ich will mich auf den Weg begeben und du schenkst die Kraft zum Gehen. Ich kann es wagen und du schenkst das Vollbringen. Dank sei dir, weil Vertrauen das trotzige Dennoch gegen Zweifel, Pessimismus und Angst ist. Du bist die Hoffnung gegen alle Hoffnungslosigkeit. Es ist wahr, je mehr ich Vertrauen wage, desto stärker erfahre ich deine Belohnung. Nur du kannst mein Herz fest machen, wenn ich bete: Der Herr ist mein Hirte, mir wird nichts mangeln.
Amen.

IMPULS 50

Wir wollen das Loslassen praktizieren

»Ich bin der Herr dein Gott; ... Du sollst außer mir keine anderen Götter verehren.«
2. MOSE 20, 1.3

Es geht ums Loslassen. Das erste Gebot hat's in sich. Gottes Universalanspruch trifft uns im Kern. Die Götter, die wir neben uns nicht loslassen können, sind zahlreich. Vater, Mutter, Lebenspartner, Kinder, Beruf, Karriere – alles kommt von Gott, aber wir dürfen es nicht an seine Stelle setzen.

Ich habe ein hilfreiches Buch gelesen, das vom Loslassen falscher Erwartungen spricht. Die Diplom-Psychologin Hanne Baar beschreibt in ihrem Buch »Quälgeist Eifersucht« ihre falsche Lebenseinstellung. Sie spürt ihre unrealistischen Ansprüche an ihren Partner. Sie hat einen Lobpreis-Gottesdienst besucht und erkennt im Angesicht Gottes ihre Schuld. Wörtlich schreibt sie: »Und ich sah mit besonderer Deutlichkeit meinen Stolz. Meine eigene Wichtigkeit war mir immer das Wichtigste gewesen. – Ich erkannte meine Eifersucht als das, was sie war: ein Anspruch an meinen Mann, mich zu vergöttern. Ich wollte im Mittelpunkt seiner Aufmerksamkeit stehen, wie ich im Mittelpunkt der Aufmerksamkeit meiner Mutter gewesen war.« Wie sagte Martin Luther: »Woran du dein Herz hängst, das ist dein Gott.«

An wie vielen Dingen, auch Personen, hängt unser Herz? Wie viele Sachen sind uns ans Herz gewachsen? Loslassen können ist eine Lebenskunst. Loslassen können müssen wir vor allem in der älteren und alten Ehe lernen. Besitzen-Wollen und Nicht-hergeben-Können sind Einstellungsmuster, die schon das kleine Kind in allen Gliedern spürt. Von klein auf müssen wir lernen zu teilen, herzugeben und loszulassen. Wer festhalten will, wird bitter; wer loslassen kann, wird glücklich.

Loslassen ist eine unausweichliche Herausforderung des Lebens. Kein Bereich unseres Lebens ist ausgeklammert. Viele Barrieren machen diese Kunst zunichte. Eigenwilligkeiten bewirken das Gegenteil. Wir klammern uns an Menschen, an Besitz, an Ämter und irdische Güter. Wir wollen an uns reißen und nicht abgeben. Wir sperren uns und können nicht Abschied nehmen. Loslassen können ist Freiheit, Lebensweisheit, ein Gottesgeschenk.

Wir können auf Dauer nur Kinder, Erwartungen, Ansprüche, Träume, Ideale, Ehrgeiz, Sorgen und uns selbst loslassen, wenn wir fest glauben, dass ein liebender Gott darum wirbt, dass wir zu seinem Weg Ja sagen. Wer aus freien Stücken, ohne Bitterkeit und Resignation, diesen Gott zum wirklichen Mittelpunkt seines Lebens und seiner Ehe macht, erfährt Ruhe, Frieden und Gelassenheit.

Wer nicht loslassen kann, ist ein Gefangener seiner Triebe, seiner Wünsche, seiner Begierden, seiner Habsucht und seiner falschen Erwartungen. Welche Dinge können Sie schlecht preisgeben? Hochmut und Egoismus, selbstherrliches Denken und Verhalten, Erfolg, Karriere und Besitz, schlechte Angewohnheiten, Eifersucht und Neid, Rechthaberei und Intoleranz?

Selbst das Leben festzuhalten ist eine Unmöglichkeit. Wer es krampfhaft ausschöpfen will, kommt in Hetze, Unruhe und Hektik. Der Friede ist abhandengekommen. Loslassen heißt:

Abgeben können, wenn die Zeit reif ist; zurücktreten können, wenn es erforderlich ist; Abschied nehmen, wenn der lebendige Gott ruft.

Fragen an mich und an uns

Mir fällt das Loslassen schwer. Welche Dinge machen mir die größte Mühe?

Hänge ich in erster Linie an Menschen oder an Besitz, Ehrgeiz, Anerkennungsstreben und Bestätigung?

Was kann ich am leichtesten entbehren, was fällt mir am schwersten?

Warte ich auf Krankheit und Tod, die mir alle Entscheidungen abnehmen?

Welche Loslassschritte habe ich schon praktiziert?

Habe ich mein Testament gemacht, das alle Besitzverhältnisse und den Nachlass regelt?

Habe ich eine Patientenverfügung hinterlegt?

Mein Herr und Gott, das Loslassen fällt mir unendlich schwer. Was ich auch anschaue, Menschen, Besitz, Ämter und Ehre, ich hänge an allem. Manchmal denke ich, ich kann nur warten, bis du mir alles Stück für Stück aus der Hand nimmst. Ich bin in der Tat auf deinen Beistand angewiesen, der mich frei macht vom irdischen und menschlichen Denken. Herr, ich bin ein Wanderer zwischen beiden Welten und hänge doch über Gebühr an diesem

Leben. Mein Herr, ich vertraue dir, dass du barmherzig mit mir verfährst, weil ich im Augenblick noch alles, was du zulässt, als lebenswert und begehrenswert erfahre. Danke, dass du so wunderbar bisher mit den Meinen und mir umgegangen bist. Ich vertraue dir, dass ich auch den letzten Lebensweg mit dir meistere.
Amen.

IMPULS 51

Wir freuen uns auf das Fest, das wir gemeinsam feiern – Weihnachten

»Aber der Engel sagte: ›Habt keine Angst! Ich bringe euch eine gute Nachricht, über die sich ganz Israel freuen wird. Heute wurde in der Stadt Davids euer Retter geboren – Christus, der Herr!‹«
LUKAS 2, 10–11

Das Weihnachtsfest spielt im Ehe- und Familienleben eine große Rolle. Tradition und Riten, feste Regeln und Gebräuche sind ein Kitt für den Zusammenhalt. Alle Feste sind für die Gemeinsamkeit wertvoll, denn sie stimulieren Herz und Gemüt und schaffen eine Atmosphäre des Wohlfühlens. Ein Atheist, der sich Weihnachten betrank, weil er mit dem »schwülstigen Firlefanz« nichts anfangen konnte, zerstörte in dieser Zeit seine Ehe, weil die Frau das Weihnachtsfest als unvergessliche und besinnliche Tage im Jahr erleben wollte.

Feste sind für die meisten Menschen Fixpunkte im Jahr, sie berühren Äußeres und Inneres und geben dem Zusammenleben

Profil. Auch der christliche Glaube, der dem Weihnachtsfest die eigentliche Basis verleiht, prägt sich fest ein, wenn Weihnachtslieder gesungen und Gottesdienste besucht werden. Was wir intensiv leben und als Kinder gelebt haben, hat für die spätere Ehe eine tiefe Bedeutung.

Gemeinsames Essen, gemeinsames Singen, gemeinsame Spiele, gemeinsames Gebet und gemeinsame Zeremonien sind ein Bindemittel für die Harmonie in der Partnerschaft. Weihnachten wird nicht umsonst in der Bevölkerung als das schönste und innigste Familienfest charakterisiert. Eltern legen die Gleise für ritualisierte Gewohnheiten und Gebräuche, die das Band der Zusammengehörigkeit festigen.

»Euch ist heute der Heiland geboren, der Retter.« – Heiland ist er, der Krankes wieder heil macht. Retter ist er, der Menschen aus der Verlorenheit errettet. Gott ist er, der auf die Erde kommt, um den Menschen nahe zu sein.

Und wenn das alles mit viel Gefühl, mit Stimmung, mit Zuckerguss und Kerzenschimmer vor sich geht, wenn es Menschenherzen ansteckt und Eltern und Kinder zusammenbringt, dann wollen wir dankbar sein. Wir wollen dankbar sein, wenn der Friedefürst Streit und Bitterkeit verringert und in Eheleuten und den Kindern ein Licht anzündet, das die Dunkelheit heller macht, dann hat Weihnachten auch den Sinn, Ehe- und Familienbande zu festigen. Menschen rücken näher zusammen, weil das Kind als Friedensbringer Zwietracht und Hass in Eintracht und Liebe verändern will. Eltern und Kinder beschenken sich gegenseitig, weil sie erfahren haben, dass in Bethlehem das größte Geschenk der Weltgeschichte für uns Menschen in der Wiege liegt.

Eltern, die diese Friedensbotschaft in Kindheit und Jugend erlebt haben, werden alles daransetzen, sich und den Kindern immer wieder dieses Geschenk ins Bewusstsein zu rufen. Weihnachten soll heilen, was zerstritten ist, kitten, was auseinanderdriftet, zusammenbringen, was aneinander vorbeiläuft, und Freude bereiten, wo Misstrauen die Herzen vergiftete.

Besonders Weihnachten, aber auch andere Feste, gemeinsame Riten und Gebräuche haben den Sinn, Verbundenheit zu pflegen, Zusammenleben zu stärken, enger zusammenzuwachsen und den Glauben an Christus zu fördern. Beziehungsfähigkeit und Glaubenszuversicht sind Prozesse, die Wachstum voraussetzen. Sie benötigen einen Reifeprozess, den wir in Ehe und Familie ermöglichen.

Fragen an mich und an uns

Sind wir als Eheleute dankbar, dass wir im Elternhaus mit festen Gewohnheiten des Weihnachtsfestes vertraut gemacht wurden?
Welche Riten und Strukturen halten wir für wesentlich, um sie in unserer Familie wieder zur Geltung zu bringen?
Welche Riten sprechen besonders unsere Kinder an?
Welche weihnachtlichen Abläufe fördern das familiäre Miteinander?
Welche Gewohnheiten haben auch für den christlichen Glauben eine Prägekraft?
Was würde ich gerne am Ablauf der Feierlichkeiten ändern?
Was halte ich von einem Familiengespräch, in dem für das nächste Jahr konstruktive Verbesserungen erörtert werden?

Vater im Himmel, Weihnachten ist in der Tat ein Lebenseinschnitt, der die Weltgeschichte zu verändern begann. Du bist Mensch geworden, um in Jesus unser Befreier zu werden. Wir haben ein rührseliges Fest daraus gemacht. Mir fällt es schwer, Herr, manche kitschigen Gewohnheiten abzuschaffen. Wahrscheinlich siehst du barmherzig darüber hinweg, wenn wir deiner Geburt und deiner Friedensbotschaft nicht den richtigen Platz einräumen. Heiliger Gott, befähige uns, die Wahrheit von Weihnachten in Ehe und Familie zu realisieren. Bestärke uns, dir in unserer Gemeinschaft nicht nur zum Fest den gebührenden Raum zu gewähren. Ich danke dir für dein Kommen, für deine Botschaft und deine Befreiungstat am Kreuz. Ich weiß und glaube es: Beide Dinge gehören unauflöslich zusammen.
Amen.

IMPULS 52

Wir leben von der Vergebung

»Vergib uns unsere Verfehlungen, denn auch wir verzeihen allen, die uns Unrecht getan haben.«
LUKAS 11, 4

Vergebung ist zweifellos das Herzstück der Seelsorge, der Beziehungen und des Zusammenlebens. Sie macht es möglich, Unverzeihliches zu verzeihen, Feindschaft in Freundlichkeit und Misstrauen in Vertrauen zu verwandeln. Wer nicht vergeben kann, ist liebesunfähig, beziehungsunfähig und konfliktunfähig. Viele Ehen und Familien werden zerstört, weil Partner und Kinder aufrechnen und gegenrechnen, statt zu verzeihen und zu vergeben. Vergebung verhindert, dass Menschen sich wie Feinde behandeln. Vergebung ist das Schmieröl für ein reibungsloses Miteinander, macht frei und ermöglicht einen Neuanfang.

Im Philipperevangelium, das nicht zum Kanon der Bibel gehört, wird erzählt, dass Jesus mit seinen Jüngern in eine Stofffärberei ging. Jesus nahm 72 Stoffe in unterschiedlichen Farben und steckte sie in einen riesigen Bottich. Nach einer intensiven

Färbung kamen anschließend nur weiße Stoffe heraus. Und Jesus sagte zu seinen Jüngern, dass der Menschensohn gekommen sei, einem solchen Färber vergleichbar. Wer vergeben kann, reißt Mauern nieder und baut Brücken. Er macht aus schmutzigen Menschen reine Menschen.

Wer vergeben kann, wird entlastet, denn Wut, Bitterkeit und Rachegedanken schaffen seelische und psychosomatische Belastungen. Sie verringern den Lebensmut und beschneiden die Tatkraft. Sie machen krank.

Vergebung bedeutet eine Lebensstilkorrektur. Der Lebensstil ist der Inhalt meiner Überzeugungen, meiner Vorurteile und meiner Grundsätze. Wenn Vergebung Gesinnungsänderung bedeutet, dann ist ein Kurswechsel im Denken, Fühlen und Handeln geschehen.

Vergebung stellt keine Bedingungen. »Ich vergebe dir, wenn du mich ab sofort nie mehr belügst.« – »Ich vergebe dir, wenn du sofort den Kontakt zur Drogenszene abbrichst.« Das sind verständliche Absichten und fromme Wünsche. Aber sie engen die uneingeschränkte Vergebungsbereitschaft ein.

Ich *will* dir glauben, auch wenn zig Enttäuschungen aus der Vergangenheit wieder Fragezeichen im Herzen aufbrechen lassen. Ich *will* Frieden mit dir schließen, auch wenn der Unfriede noch nicht abgestreift ist. Ich ziehe meine ausgestreckte Hand nicht zurück. Ich bleibe auf dem Weg hin zu dir.

Vergebung ist mehr als ein bisschen Symptomkosmetik, ist mehr als eine billige Entschuldigung. Sie ist eine Lebensstilkorrektur, die den ganzen Menschen erfasst.

Vergebung braucht auch Heilungszeit. Die Wunden müssen vernarben. Es ist ein Geschenk, wenn wir unsere Bitterkeit an die böse Tat weggeben können. Ein völliges Vergessen ist organisch gar nicht möglich, denn in unserem Gehirn sind alle Dinge gespeichert.

Vergeben heißt: Ich hole die Sünde nicht wieder aus der Mottenkiste heraus. Unser Herr hat Geduld mit uns. Haben wir darum auch Geduld mit unserem liebsten Menschen.

Fragen an mich und an uns

Kann ich als Christ vergeben oder will ich dem anderen sein Unrecht nachtragen?
Will ich vergeben und kann doch bestimmte Dinge nicht vergessen?
Wenn mir das Vergeben schwerfällt, reagiere ich seelisch verbittert oder psychosomatisch?
Bin ich auch mal so verletzt und so böse, dass mir der Gedanke der Vergebung gar nicht in den Sinn kommt?
Ist mein Selbstwert infrage gestellt, wenn ich nicht vergeben kann?
Neige ich dazu, Bedingungen zu stellen, wenn ich vergeben habe?
Habe ich als Partner erlebt, dass Vergebung die Beziehung von Grund auf erneuert?
Mache ich die Erfahrung, dass Vergebung die Beziehung, aber auch Leib und Seele entspannt?

Du mein Herr und Gott, ich lebe aus deiner Vergebung,
die mein Leben von Grund auf revolutioniert hat.
Du hast mir die Schuld abgenommen, auch meine Ängste
und meine Befürchtungen. Aber wenn ich verletzt und
gekränkt bin, fällt mir das Vergeben schwer. Ich bin wütend
und schimpfe im Innern. Ich brauche deinen Beistand,
dass ich nicht in der Bitterkeit stecken bleibe. Ich brauche

deinen Impuls, nicht nachzutragen. Ich brauche deine Ermutigung, nicht aus Rache zu schmollen und den anderen hängen zu lassen. Herr, ich danke dir, dass du meine Bockigkeit immer wieder überwindest und deine Liebe größer ist als mein Trotz. Herr, du bist ein wunderbarer Erneuerer unserer Partnerschaft. Danke! Amen.

Mein Wunsch für Sie: Zuversicht und Gelassenheit

Der Check-up für Ehepaare ist beendet.
Ein Jahr lang haben Sie sich Impulsen und Fragen gestellt.
Wahrscheinlich haben Sie auch Bilanz gezogen ...
Gehen Sie nicht zu hart mit sich ins Gericht,
wenn die Auseinandersetzung mit den 52 Impulsen
kein Bilderbuchehepaar aus Ihnen gemacht hat.

Mein Wunsch für Sie ist,
dass Sie dieses Jahr mit Zuversicht beenden können,
kleine Kommunikationsschritte aufeinander zugehen konnten
und ermutigt und gestärkt Ihre Ehe fortsetzen.

Neue Gemeinsamkeiten sind eine Chance, wenn Sie wollen;
neue Lösungen sind ein Weg, wenn Sie aufeinander zugehen;
neue Liebe ist der Schlüssel, wenn Sie im Glauben
an den lebendigen Gott zusammenstehen.

Bleiben Sie gelassen ...

Reinhold Ruthe

Die Kunst, trotz allem gelassen zu sein

Paperback, 128 Seiten

ISBN 978-3-87067-836-4

Entspannung und Ruhe sind keine Utopie, wenn Sie sich von den Anregungen Reinhold Ruthes inspirieren lassen. Gewohnt lebensnah und praktisch zeigt er Möglichkeiten auf, Stress und Herausforderungen mit mehr Gelassenheit zu begegnen. Sie gewinnen Kraft und Energie, wenn Sie sich aus dem hektischen Getriebe des Alltags zurücknehmen und sich Zeit zum Auftanken gönnen.

Brendow.
VERLAG + MEDIEN